Claudia Schmidt

Alles Tomate!

Claudia Schmidt

Alles Tomate!

Vegetarische Rezepte

mit Cartoons von Renate Alf

pala
verlag

Inhalt

Eine steile Karriere:
Von der »giftigen« Zierpflanze zur prallen Vitalfrucht 7

Die Tomate – ein biologischer Tausendsassa 11

Kurioses rund um die Tomate 18

Die bunte Tomatenwelt 21

Tomaten im Garten 35

Tipps und Tricks aus der Tomatenküche 52

Zu den Rezepten 57

Ganz schön saftig:
Powerdrinks mit Tomaten 58

Fruchtig oder cremig:
Hauptsache Suppe! 67

Mehr als ein Farbtupfer:
Tomaten im Salat 76

Scharf und würzig:
Saucen, Chutneys und heiße Dips 84

Nicht nur Begleiter:
Snacks, Beilagen und mehr 109

Vorsicht heiß:
Tomaten aus dem Ofen 132

Jetzt geht's ans Eingemachte:
Tomaten konservieren 156

Bezugsquellen und Adressen 166

Die Autorin 168

Die Illustratorin 169

Rezeptindex 170

Eine steile Karriere:
Von der »giftigen« Zierpflanze zur prallen Vitalfrucht

Ihre Top-Position in den Küchen der Welt hat sich die Tomate hart erkämpfen müssen. Als Kolumbus die ursprünglich gelben Früchte aus Südamerika einführte, brachte man ihnen zunächst sehr viel Misstrauen entgegen und verbannte sie in den Ziergarten – weil sie als giftig eingestuft wurden, man dem dekorativen Charme der prallen Früchte aber nicht widerstehen konnte. Doch im 20. Jahrhundert trat die Tomate ihren Siegeszug auch in Deutschland an und erfreut sich seitdem immer größerer Beliebtheit.

Heute ist die Tomate ein fester Bestandteil vieler Gerichte und nicht mehr aus der Küche wegzudenken. Immerhin vertilgt jeder gut 16 kg pro Jahr – so viel wie von keinem anderen Gemüse. Die Tomate ein Gemüse? Na ja, rein botanisch nicht, da ist die pralle Vitalfrucht eigentlich ein Beere – wie Banane oder Kürbis. Ihrer Verwendung zumeist in pikanten Gerichten wie Suppen, Saucen und vielen herzhaften Snacks verdankt die Tomate allerdings ihre Klassifizierung als Gemüse.

Entgegen aller Skepsis, die man der Tomate zunächst entgegen brachte, gilt die Tomate heute als richtige »Bio-Bombe«. Sie hat nämlich nicht nur viel Geschmack zu bieten, sondern auch einen ausgewogenen Nährstoffcocktail, der neben Vitaminen, Mineralien und Spurenelementen auch sekundäre Pflanzeninhaltsstoffe aufweist, die gegen viele degenerative Krankheiten vorbeugen können.

Auch wenn sich die runden »Liebesäpfel« nicht immer als leichte Gartenbewohner entpuppen, entdecken immer mehr Hobbygärtner die riesige Sortenvielfalt und experimentieren mit Formen und Farben, bis hin zu langen gelben Tomaten oder gar zu gestreiften Früchten mit lustigen Namen wie »Grünes Zebra« oder »Banana Leg«.

Ursprünglich stammt die heute so beliebte Frucht aus den peruanischen Anden. Die Azteken gaben der Frucht den Namen »tumatl«, was so viel wie »anschwellen« heißt. Die Tomatensorten, die wir heute kennen, stammen mit großer Wahrscheinlichkeit von *Lycopersicon lycopersicum var cerasiforme* ab. In ihrer Heimat versuchte man die kleinen, Kirschtomaten ähnlichen Früchte bezüglich Größe, Form und Farbe zu verändern. Wissenschaftler aus unterschiedlichen Disziplinen, darunter Linguisten und Ethnobotaniker, vermuten Mexiko als Ursprungsland der ersten »domestizierten« Tomaten, die dann mit spanischen Seefahrern nach Europa kamen.

In Europa brachte man ihr zunächst sehr viel Misstrauen entgegen. Erste schriftliche Beachtung findet die Tomate Mitte des 16. Jahrhunderts in Italien. Schon in jenen Tagen wurde dokumentiert, dass die Tomate essbar sei, damals allerdings in gebratener Form. Man geht heute davon aus, dass im Mittelmeerraum Tomaten damals tatsächlich schon Eingang in die Ernährung der Menschen fanden. In anderen Region, so z. B. in Frankreich, sollte es noch gut 250 Jahre dauern, bis man dem »Liebesapfel« Zutritt in die heimischen Küchen gewährte. So lange blieb die Frucht in den Ziergärten.

Aber warum scheute man den Verzehr der appetitlichen Früchte? Ihre Verwandtschaft mit Tollkirsche *(Atropa belladonna)* und Bilsenkraut *(Hyoscyamus niger)* – beides äußerst giftige Zeitgenossen – brachte der Tomate vielerorts einen ähnlich giftigen Ruf ein. Man bedenke, dass um 1550 das Mittelalter noch gar nicht so lange vorbei war – und damit auch die Zeit der Mythen und Symbole. So schreibt ein französischer Botaniker 1581: »Ihr starker und widerlicher Geruch signalisiert uns, wie schädlich und gefährlich ihr Genuss ist.« Aber immerhin finden die meisten sie hübsch anzusehen, und so blieb die Pflanze in den Gärten. Auch wenn man von ihrem Verzehr abriet, verfestigte sich der Glaube, dass Tomaten aphrodisierend wirken – wohl auch wegen ihrer manchmal ausladenden Formen und der mittlerweile roten Farbe.

Erst 1731 weist ein Botaniker ihre Genießbarkeit aus. Philip Miller nannte sie, an ihre »dunkle« Vergangenheit angelehnt, Wolfspfirsich (»Lycopersicon«) und deklariert sie im »Beinamen« als »esculentum«, als essbar. Den botanischen Namen *Lycopersicon esculentum* trägt die Tomate noch heute.

Bis die Tomate allerdings überall heimisch wurde, dauerte es noch eine ganze Zeit. Das lag nicht zuletzt daran, dass die in südlichen Gefilden deutlich besseren klimatischen Bedingungen die Kultur der Pflanze erleichterten. Der Norden bot schlicht-

weg viel zu kurze Tage und insgesamt auch zu wenig Sonne –
bis man auf die Idee kam, die Pflanzen unter Glas anzubauen.

Mit diesem Tomatenbuch möchte ich Ihnen viele Anregungen
rund um den prallen »Liebesapfel« geben – und das nicht nur
kulinarisch. Auch im Garten gibt es in Sachen Tomaten viel zu
entdecken, wenn man bedenkt, dass es rund 10.000 Sorten gibt.
Und wer erst einmal viele schöne, bisweilen extravagant anmu-
tende Sorten ausprobiert hat, dem kommen auch in der Küche
wieder neue Ideen. Und dann möchte man vielleicht noch andere Sorten anbauen – ein schöner Kreislauf!
Lassen Sie sich also inspirieren. Ich wünsche Ihnen viel Spaß
und gutes Gelingen in Küche & Garten ...

Die Tomate –
ein biologischer Tausendsassa

Lange standen primäre Pflanzenstoffe wie z. B. die Vitamine und Mineralien im Vordergrund des Interesses von Ernährungswissenschaftlern. Doch bald merkte man, dass es nicht allein diese Stoffe waren, die dem Körper gut tun, denn dann wären ja Vitaminpräparate ebenso wertvoll wie Obst und Gemüse. Das Zusammenspiel der Stoffe ist viel wichtiger als man glaubte, und mittlerweile konzentriert sich die Forschung auch auf die sekundären Pflanzenstoffe. Diese Substanzen, die zahlreichen, chemisch sehr unterschiedlichen, Stoffgruppen angehören, besitzen viele gesundheitsfördernde Eigenschaften. Zu ihnen zählen besonders die Farb- und Aromastoffe in Obst und Gemüse oder auch Ballaststoffe.

Zwar besteht die Tomate aus bis zu 94 % Wasser (und hat somit auch nur schlappe 16 kcal), doch der Rest, der sich unter der Haut versteckt, hat es in sich: Sie ist reich an Kalium und beeinflusst so den Wasserhaushalt unseres Körpers optimal. Auch mit Vitaminen geizt die pralle Vitalbombe nicht, sie liefert die Vitamine A, C und E und macht dies in einer viel ansprechenderen Verpackung als die von den Ernährungskonzernen kreierten Vitaminpräparate.

In der jüngsten Vergangenheit wurde man auf einen sekundären Pflanzenstoff aufmerksam, den Tausendsassa Lycopin. Dieses Carotinoid ist nämlich nicht nur für die rote Farbe der Früchte verantwortlich, sondern entfaltet im menschlichen Körper seine Wirkung als Antioxidanz. In dieser Funktion kann es freie Sauerstoffradikale neutralisieren, bevor diese die Zellen schädigen können. Die freien Radikale stehen im Verdacht, Alterungsprozesse zu beschleunigen und degenerative Krankheiten wie z. B. Herz-Kreislauf-Erkrankungen oder Grauen Star zu verursachen.

In der neueren Krebsforschung stellte man fest, dass Lycopin sich günstig bei bestimmten Krebsarten auswirkt. Besonders beim Prostatakrebs stellten Wissenschaftler fest, dass das Carotinoid das Risiko an dieser Krebsart zu erkranken, senkt und sich bei einer Erkrankung positiv auf den Verlauf auswirkt. Man schreibt dem Lycopin auch die Fähigkeit zu, bei vorhandenen Tumoren die Rückbildung zu stimulieren.

Als »Neutralisator« von freien Radikalen kann der regelmäßige Verzehr von Tomaten auch vor Krankheiten wie Arteriosklerose schützen und damit den tückischen Folgen wie z. B. Herzinfarkt vorbeugen. Auch die Gefahr eines Sonnenbrandes soll durch das Lycopin verringert werden.

Anders als bei vielen Inhaltsstoffen, die durch Erhitzen zerstört werden, ist das Lycopin besonders im verarbeiteten Zustand gut aufnehmbar, ist also auch noch in Produkten wie Tomatenmark und Ketchup vorhanden, dort sogar in höherer Dosierung, weil diese Produkte Tomaten in stark konzentrierter Form enthalten. Und selbst in Tomatensaft ist gut drei Mal so viel Lycopin wie in rohen Tomaten.

Ähnlich wie bei fettlöslichen Vitaminen kann das Lycopin am besten in Verbindung mit Fett vom Körper aufgenommen werden. Dabei muss das Tomatengericht aber nicht in Butter oder Öl schwimmen, wie beim Carotin aus Karotten reicht ein kleiner Spritzer schon aus.

Ein weiterer wertvoller Stoff der prallen Frucht ist Tyramin, das bei der Umwandlung der Aminosäure Tyrosin entsteht. Tyramin ist ein echter Stimmungsmacher, denn er hebt den Blutzuckerspiegel – und damit die Laune. Der Stoff allein verbreitet natürlich noch keine Hochstimmung, aber im Zusammenspiel mit Folsäure und Spurenelementen wie Zink und Chrom kämpfen die Muntermacher gegen Müdigkeit, Depressionen, Unruhe und gereizte Nerven. Anscheinend wissen auch Leute, die häufig fliegen, was gut für sie ist: An Bord von Flugzeugen gehört Tomatensaft zu den häufig verlangten Getränken. Und dort kann die »Biobombe« zeigen, was sie kann: Der Saft soll gegen Reiseübelkeit, Stress und Schwindelgefühl helfen. Da sollte man sich auch in vielen Büros öfter einmal alkoholfrei zuprosten ...

Dies sind nur einige der zahlreichen Beispiele, wie mit einer ausgewogenen vollwertigen Ernährung ohne teure Nahrungsergänzungsmittel und Vitaminpräparate vielen Krankheiten vorgebeugt werden kann.

Grüne Tomaten – Gesundheitsrisiko durch Solanin?

Tomaten soll man im reifen Zustand essen – eigentlich eine Binsenweisheit, denn welche Frucht schmeckt schon im unreifen Zustand. Doch bei der Tomaten gilt dies in besonderem Maße: Unreife Früchte enthalten das giftige Solanin. Oft auch als Tomatin bezeichnet führt dieser Begriff in die Irre, denn auch die grünen Stellen von Kartoffeln enthalten diesen Stoff. Dieses Glykosidalkaloid kann bei Mengen ab 400 mg zum Tod führen, »normale« Nebenwirkungen wie Durchfall, Übelkeit und Kopfschmerzen können aber bereits ab Mengen von 25 mg auftreten.

Aber wie so oft ist die Menge ausschlaggebend, denn von einer oder zwei grünen Tomaten ist noch niemand gestorben. Unreife Tomaten enthalten bis zu 30 mg Solanin pro 100 g. Deshalb können auch Gerichte wie »Green fried tomatoes«, also gebratene grüne Tomaten, gegessen werden. Auch die paar Löffel vom grünen Tomatenchutney können normalerweise bedenkenlos genossen werden, aber man sollte nicht übertreiben. Das Solanin findet sich auch in reifen Tomaten und natürlich dort, wo noch grüne Stellen zu finden sind: im Stielansatz und bei einigen Sorten im grünen »Kragen«. Deshalb empfehle ich häufig, den grünen Stielansatz zu entfernen, auch wenn dies nicht zwingend erforderlich ist.

Das Solanin wird übrigens durch Erhitzen nur in geringem Maße abgebaut und ist somit auch in den grünen Tomaten vorhanden, die eingekocht werden.

Am stärksten wird es abgebaut, wenn die Früchte durch milchsaure Gärung konserviert werden, dann allerdings findet sich der Stoff in der Lake, die keinesfalls konsumiert werden sollte.

Solanin kann übrigens auch bei verarbeiteten Kartoffeln nachgewiesen werden: Auch Kartoffelchips und Pommes frites können das Alkaloid noch enthalten, je nach Anteil von grünen Stellen an den Ackerfrüchten, die in der industriellen Verarbeitung meist nicht entfernt werden.

Für Tomaten gilt also: Ein grüner Kragen um den Stielansatz wird entfernt. Wer nicht auf grüne Tomaten-Spezialitäten verzichten will, sollte sich damit nicht übermäßig den Bauch voll schlagen – das könnte dieser übel nehmen.

Die Gen-Tomate

Wenn es nach der Lebensmittelindustrie geht, sollen landwirtschaftliche Erzeugnisse am besten immer die gleiche Form und Größe haben, auf die sich Maschinen einstellen lassen. So wird für die maschinelle Verarbeitung von Tomaten zu Ketchup eine Tomate bevorzugt, die rund ist, weil sie besser über die Laufbänder rollt. Eine bestimmte Größe lässt die runden Prachtäpfel leichter durch den Produktionsprozess gleiten. Die Größe lässt sich in den meisten Fällen durch die Auswahl bestimmter Sorten kontrollieren, eine Vorsortierung optimiert die zu verarbeitenden Früchte.

Anders sieht es aus bei Problemen mit der Haltbarkeit oder dem Erntezeitpunkt. Da viele Leute Tomaten im Winter ebenso ständig verfügbar haben möchten und die Paradiesäpfel bis in die entlegensten Winkel transportiert werden, muss die Tomate lange frisch und fest sein. Wenn die Früchte am Strauch reifen und geschmacklich einwandfrei sind, sind sie nicht mehr allzu lange lager- oder gar transportfähig, werden matschig und schimmeln in letzter Konsequenz. Erntet man sie im grünen, unreifen Zustand, transportiert sie und begast sie mit Ethylen (natürliches Gas, das die Reifung hervorruft), werden die Tomaten zwar rot, aber geschmacklich können sie mit den am Strauch gereiften nicht mithalten. Ein Dilemma für die Landwirtschaft!

Für dieses Problem hat die amerikanische Gentechnik die »passende« Lösung entwickelt: Man manipulierte das Erbgut der Pflanze, so dass diese nur noch etwa 1% ihres normalen Reife-Enzyms Polygalacturonase (PG) enthält. Das Enzym baut Pektin ab, den Hauptbestandteil der Zellwände, die Tomaten (und natürlich auch andere Früchte) werden deshalb nicht mehr matschig. Diese »Antimatsch-Tomate« reduziert dann den Ausschuss,

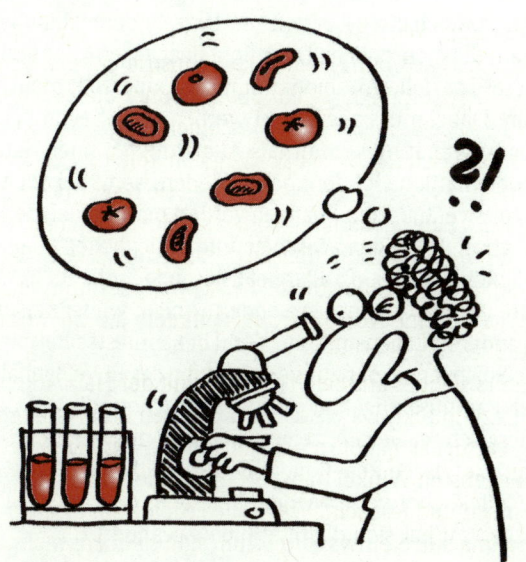

den der Produzent oder der Händler durch verdorbene Ware hat. Für den Verbraucher sieht das Ergebnis auf den ersten Blick sehr schön aus, er kann eine frische nicht mehr von der genmanipulierten Version unterscheiden. In der Tat sollen nach Untersuchungen diese manipulierten »FlavrSavr®«, was den Nährgehalt betrifft, nahezu identische Werte wie normale Tomaten aufweisen.

Eigentlich die perfekte Tomate, mag mancher aufgrund der Vorteile denken. Doch einen Haken hat die Sache: Um den Transfer des »Antimatsch-Gens« besser beobachten zu können, wurde ein Gen, das für eine Antibiotikaresistenz verantwortlich ist, eingeschleust. Diese Resistenz auf das Antibiotikum Kanamycin war nötig, um Zellen, die bereits das gewünschte »Antimatsch-Gen« enthielten, von den normalen Zellen zu unterscheiden. Nach dem geglückten Gentransfer wurde diese Resistenz aber nicht mehr wieder herausgenommen. Gegner der Gentechnik befürchten, dass sich diese Resistenz bei Verzehr der manipulierten Früchte auf die menschliche Darmflora übertragen könnte. Damit wäre dieses spezielle Antibiotikum im Darmbereich nicht mehr wirksam. Dabei muss angemerkt werden, dass Kanamycin äußerlich zur Anwendung kommt, als Augentropfen oder Hautsalbe. Die Problematik bleibt dennoch bestehen, denn bei der Vielzahl der bereits veränderten Pflanzen verliert man schnell den Überblick. Wechselwirkungen zwischen unterschiedlichen Pflanzen werden möglich, wenn z. B. allergieauslösende Stoffe nicht nur im originären Produkt auftreten, sondern – nicht weiter deklariert – auch in anderen Lebensmitteln. Wohl bekanntestes Beispiel hierfür ist die Sojapflanze, der zur Verbesserung des Eiweißgehaltes ein Gen der Paranuss zugefügt wurde. Menschen, die auf die Paranuss allergisch reagierten, zeigten auch bei den veränderten Sojabohnen allergische Reaktionen. Die Entwicklung dieser Sojaart wurde glücklicherweise wieder eingestellt, doch an der Problematik insgesamt hat sich dadurch nichts geändert.

Angesichts der Berge von Tomaten, die Jahr für Jahr in Europa vernichtet werden, stellt sich zudem die Frage, ob diese Entwicklungen wirklich nötig sind, zumal sich auch weitere Nachteile für den Landwirt ergeben: Er wird abhängig vom Saatgutproduzenten, der sich die »Segnungen« der Gentechnik natürlich teuer bezahlen lässt. Wie bereits beim Getreide entstehen so Abhängigkeiten, wenn Kunden des Landwirts nur noch »Genware« akzeptieren.

Kurioses rund um die Tomate

Wer hat die »dicksten Dinger«?

Dass man Kürbisse zu Landwirtschaftsschauen schleppt, ist selbst in Deutschland kein ungewöhnliches Bild. Tomaten hingegen sind wesentlich seltener der Stolz des Gärtner, denn mit Kürbis-Maßen kann die Tomate nicht mithalten. In den USA allerdings pilgern Tomaten-Freaks zu so genannten »Weigh-Ins« und präsentieren dort ihre »dicken Dinger«. Beim bekanntesten Wettbewerb in New Jersey wurden Tomaten präsentiert, die an die fünf Pfund wogen! Die Veranstalter haben dort auch Tipps parat, wie man solche Schwergewichte heranziehen kann: Neben der richtigen Sorte – hohe Erträge hatten dort bei uns weniger verbreitete Sorten wie »Big Zac«, »Big Bill« oder »Supersteak« – wird ein unterirdisches Bewässerungssystem empfohlen, das die konstante Versorgung mit Wasser und Flüssigdünger vorsieht. Ob man selbst einen solchen Aufwand betreiben möchte, muss jeder selbst entscheiden. Der Neid der Nachbarn wäre einem aber sicher ...

La Tomatina – die Tomatenschlacht

Ein ganz besonderes Verhältnis zu Tomaten haben auch die Spanier. Alljährlich, am letzten Mittwoch im August, werden in Buñel (Valencia) viele Tonnen reifer Tomaten auf den Marktplatz der Stadt gekippt. Punkt zwölf dürfen die Einwohner dann anfangen, mit Tomaten um sich zu werfen. Das Regelwerk dabei ist einfach: Man muss bekleidet sein, darf nur reife Tomaten werfen und muss diese zuvor auch noch in der Hand zerquetscht haben. Die Bewohner feiern dann etwa eine Stunde lang »La Tomatina«, ein Fest zu Ehren des Heiligen San Luis Beltran. Diese eine Stunde reicht, um das Straßenbild der Stadt einheitlich rot zu färben. Auch als Tourist und stiller Beobachter kommt man nicht ungefärbt davon. »La Tomatina« ist sicherlich das größte Fest seiner Art, aber auch in anderen Städten finden alljährlich Tomatenschlachten statt.

Tomaten als Inbegriff der Treulosigkeit

Jeder kennt die Redewendung von der »treulosen Tomate«. Was hat es damit auf sich? Schließlich hätte es doch ebenso gut »treulose Karotte« heißen können. Die Redensart hat ihren Ursprung in den 20er-Jahren. Hintergrund war der Erste Weltkrieg. Italien, ursprünglich mit Deutschland verbündet, hielt sich zunächst ganz aus den Auseinandersetzungen heraus, bis es sich 1915 auf die Gegenseite schlug.

In Italien mit seinem für Tomaten günstigen Klima wurden seinerzeit schon viele Pflanzen gezogen und ihre Früchte gern verzehrt. In Deutschland war der »Pomo d'oro« dagegen noch einigermaßen ungewöhnlich und selten. Außerdem machte zunächst noch so mancher Rückschlag im Anbau die Kultivierung von Tomaten zu einer unsicheren Sache.

Diese beiden Umstände – wird populärwissenschaftlich erklärt – kamen zusammen und so setzte man die treubrüchigen, Tomaten essenden Italiener mit den so unzuverlässigen Tomaten gleich.

Die Redewendung von der treulosen Tomaten war geboren. Auch wenn sich historische Ereignisse ändern und auch Tomaten den Gärtnern die Treue halten – die Redewendung bleibt.

treulose Tomate

Die bunte Tomatenwelt

Formenvielfalt

Rot und rund, so sind Tomaten den meisten Menschen bekannt. Die Früchte haben stets ein optimal ausbalanciertes Verhältnis von Süße und Säure, so dass beim Biss in den »Liebesapfel« kaum Geschmacksabenteuer zu erwarten sind. Die Tomaten, die man heute im Handel erwerben kann, sind das Ergebnis von Zuchtbemühungen der Erwerbsgartenbauer. Doch Tomaten bieten ein viel breiteres Spektrum an Geschmackserlebnissen.

Die ersten Tomaten, die Kolumbus nach Europa brachte, waren keinesfalls rot, sondern gelb, wie der italienische Name »pomo d'oro« (»Goldapfel«) verrät. Auch waren die Tomaten eher klein. In vielen Gärten haben sich – Gott sei Dank – viele verschiedene Sorten gehalten. Dort gibt es beispielsweise winzige Johannisbeertomaten (»Golden Currant«), die sehr süß und fruchtig schmecken und sogar weitgehend resistent gegen die so gefürchtete Braunfäule sind. Aber warum finden diese leckeren Naschfrüchte nicht den Weg in die Läden? Die Erklärung kennt jeder, der diese Minitomaten einmal geerntet hat: Sie sind so klein, dass sie beim Ernten schon mal leicht aufplatzen. Solche Früchte überstehen Transporte nicht und würden bei potenziellen Käufern kaum auf Akzeptanz stoßen. Für den eigenen Garten sind sie aber eine Bereicherung, besonders Kinder naschen sie gern.

Großer Beliebtheit bei Kindern erfreuen sich auch die birnenförmigen Sorten, die es in Gelb und Rot gibt. Die gelben Birnchen schmecken etwas weniger süß, als man es von einer Kirschtomate erwarten würde. Von der Größe her rechnet man sie aber zu den Kirschtomaten.

Während für den einen Tomaten einen feinen säuerlichen Geschmack haben müssen, mögen andere Tomaten aus gerade diesem Grund überhaupt nicht. Letzteren kann geholfen werden, denn z. B. die Sorte »Banana Legs« schmeckt kaum sauer und beim Hineinbeißen in die länglichen Früchte spritzt nur wenig Saft heraus. Dafür kritisieren Freunde der saftigen Frucht den mehligen Geschmack der »Bananenbeine«.

In gängigen Kochbüchern sind Früchte wie Paprika oder Zucchini erste Wahl, wenn es ums Füllen geht. Dabei eignen sich auch viele Tomatensorten für den Ofen. Abgesehen von großen Fleischtomaten, die im Handel erhältlich sind, eröffnen sich dem experimentierfreudigen Hobbygärtner ungeahnte Perspektiven. »Yellow Stuffer« (»Gelbe zum Füllen«) erinnert von der Form her deutlich an die Paprika und sollte wirklich zum Füllen genommen werden. Ebenfalls an Paprika erinnern Tomaten der Sorte »Andenhorn«, die aber wesentlich spitzer nach unten zuläuft und sich deshalb nur im liegenden Zustand in einer Auflaufform platzieren lässt.

Um bei über 10.000 Sorten (!) den Überblick nicht ganz zu verlieren, gebe ich hier eine grobe Klassifizierung nach dem Hauptmerkmal der Größe. Demnach unterscheidet man Kirschtomaten, »normale« Gartentomaten, Roma- oder auch Eiertomaten und Fleischtomaten. Weitere Kriterien sind z. B. Farbe und Reifezeit (frühe, späte Sorten), die gegebenenfalls bei den einzelnen Sorten angegeben sind. Da es gerade im englischsprachigen Ausland, allen voran in den USA, eine sehr vitale »Tomaten-Fangemeinde« gibt, sind teilweise englische Namen angegeben, die sich auch hierzulande manchmal auf den Verpackungen der Samen finden.

Kirschtomaten

Andere Namen: *Cocktailtomaten, Cherry-Tomaten, Minitomaten*

Diese vorwiegend in dichten Trauben wachsenden kleinen Tomaten haben meistens einen Durchmesser von 1,5 bis 2,5 cm.

Der Geschmack dieser kleinen Früchte ist meist süßer und würziger als der von großen Tomaten. Deshalb werden sie gern genascht und sind in Salaten als echte Farbkleckse im grünen Einerlei eine Bereicherung.

Da der Ertrag – rein vom Gewicht – unter dem von mittelgroßen Tomaten liegt, sind Kirschtomaten auf Wochenmärkten, in Naturkostläden und Supermärkten meist deutlich teurer – dafür aber auch immer beliebter.

Der Handel bietet die kleinen Appetithappen meist nur in rot an, doch in den letzten Jahren sind saisonal begrenzt orange und gelbe Sorten hinzugekommen.

Beliebte Kirschtomaten-Sorten

Gelbes Birnchen *(Yellow Pearshaped)*: Diese kleinen Tomaten haben tatsächlich die Form einer Mini-Birne. Der Ertrag dieser Sorte ist hoch, die Früchte sind säurearm und aufgrund ihrer extravaganten Form das Highlight auf jedem Salatteller.

Rotes Birnchen *(Red Pearshaped)*: Kleine birnenförmige Tomaten. Geschmacklich und vom Ertrag her vergleichbar mit »Yellow Pearshaped«.

Grünes Zebra *(Green Zebra)*: Die Früchte dieser Sorte haben die Größe von Kirschtomaten, sind leicht gelblich und deutlich grün gestreift. Den Reifegrad dieser Sorte stellt man am besten durch leichtes Drücken fest, denn rot oder leuchtend gelb wird diese putzige Sorte nicht.

Ildi: Kleine, gelbe Kirschtomate, die hohe Erträge liefert. Die Früchte sind ausgesprochen süß und verfügen über eine ausgewogene Säure. Machen sich nicht nur im Salat gut, sondern sind auch als Naschfrüchte äußerst beliebt.

Matina: Kartoffelblättrige Buschtomate mit kleinen roten Früchten. Sehr robuste und früh reifende Sorte. Sehr beliebt auch für die Kultur in Kübeln.

Maiglöckchen: Ertragreiche und robuste Sorte mit vielen, sehr kleinen roten Tomaten, die wie Maiglöckchenblüten an einer Rispe hängen.

Grüne Traube *(Green Grape):* Auch im reifen Zustand bleibt diese Sorte stets hellgrün. Doch davon sollte man sich nicht abschrecken lassen, die Früchte schmecken wie »richtige« Tomaten.

Lylia: Die großen Trauben mit ihren vielen kirschgroßen roten Früchten verlocken ohnehin schon zum Naschen. Die Früchte sind sehr süß und damit natürlich als Naschfrucht prädestiniert.

Mexikanischer Honig: Die roten Früchte dieser Sorte erreichen eine Größe von etwa 3 cm Durchmesser, sie sind sehr saftig.

Gärtners Wonne *(Gardener's Delight):* Man kann die Briten schon verstehen, denn für sie ist die äußerst ertragreiche Sorte die beliebteste Sorte.

Gelbe Clementine: Der Name kommt nicht von ungefähr: In ihrem Geschmack erinnern die gelb-orangen, mirabellengroßen Früchte tatsächlich an Südfrüchte.

Schneewittchen *(Snow White)*: Weiß wie Schnee ist zwar auch Schneewittchen nicht, doch die Früchte dieser Tomatensorte sind hellgelb bis elfenbeinfarben. Eine späte Sorte, die auch im September noch Früchte trägt. Die kleinen Früchte schmecken würzig, sind aber im Vergleich mit der »Weißen Schönheit« kleiner.

Mittelgroße Tomaten
Andere Namen: *Salattomaten, Strauchtomaten, Rispentomaten, »normale Tomaten«, Hellfrüchte*
Die mittelgroßen roten Tomaten sind für die meisten der Inbegriff der Tomate. Man kann einige Sorten bereits im Frühsommer ernten, einige reifen im Hochsommer und wiederum andere Sorten werden erst im Spätsommer reif. Diese Sorten sind »Allrounder«: Sie schmecken im Salat, zur Suppe verarbeitet, man kann sie füllen und einmachen.

Beliebte mittelgroße Tomatensorten

Moneymaker *(Hellfrucht):* Die 08/15-Tomate schlechthin: rote, mittelgroße Früchte, robust und ertragreich. Diese Sorte wird häufig unter dem etwas schnöden Namen »Hellfrucht« im Handel angeboten.

Rose von Bern *(Berner Rosen):* Diese Sorte ist recht anspruchslos, was die Bodenqualität angeht, dafür sind die Erträge auch nicht so hoch. Was in der Quantität fehlt, macht die »Rose« durch Qualität wieder wett: Die rosenroten Früchte schmecken äußerst delikat, so dass so mancher Gärtner doch wünscht, sie würde mehr tragen ...

Evergreen: Ähnlich wie die »Grüne Traube« erreicht diese Sorte im reifen Zustand eine hellgelbgrüne Färbung. Geerntet wird diese Sorte ab Mitte August. Riesenerträge bleiben bei dieser Sorte zwar aus, mit dennoch genügend Früchten steht »Evergreen« im guten Mittelfeld.

Siberia: Frühe Buschtomate, die sich wegen ihrer Robustheit sehr gut für Freilandpflanzungen eignet. Von der kompakten Wuchshöhe empfiehlt sie sich außerdem für die Kultur in Kübeln.

Goldene Königin *(Golden Queen):* Diese Sorte findet auch im ökologischen Erwerbsgartenbau Verwendung. Die Früchte sind gelb und mittelgroß, der Ertrag ist hoch.

Tigerella: Die getigerten Früchte haben mittlerweile sogar große Saatgutanbieter im Programm. Die mittelgroßen Tomaten sind rot mit gelben bis hellroten Streifen. Sie schmecken würzig und stehen im Ertrag der schnöden »Hellfrucht« in nichts nach.

Weiße Schönheit *(Beauté blanche):* Kaum zu glauben, aber die elfenbeinfarbenen Früchte dieser Sorte verfügen über das typische Tomatenaroma und sind zudem noch ausgesprochen süß, was sie außerdem auch für Leute interessant macht, die auf Tomaten wegen des hohen Säuregehalts verzichten müssen. Diese weiße Sorte ist zudem sehr wuchsfreudig und ertragreich.

Pfirsichtomate: Vom Pfirsich haben sie die leicht samtige Haut, die tomatenuntypisch matt ist. Nach Pfirsichen schmeckt sie allerdings nicht, da ist sie ganz tomatig.

Königliche von Guineaux: Wahrlich königlich ist die Gesundheit dieser roten Sorte, sie ist nämlich sehr robust und weniger krankheitsanfällig. Ihre mittelgroßen Früchte reifen sehr früh bei hohen Erträgen heran.

Roma-Tomaten

Andere Namen: *Eiertomaten, Einmachtomaten*

Nicht nur in »Bella Italia« und vor allem nicht nur in Rom weiß man die Roma-Tomaten sehr zu schätzen. Die mittelgroßen, leicht eiförmigen Früchte sind wie geschaffen, um auf Pizzen, in Suppen und Saucen oder gar Konserven zu landen. Die Sorte »Roma« wurde so zum Synonym für Sorten, die von der Form her eiförmig sind und sich besonders gut weiterverarbeiten lassen.

Beliebte Roma-Tomaten

Roma: Der Klassiker, wie zuvor beschrieben. Die ersten Früchte dieser Sorte können ab Anfang Juli geerntet werden, spät gesäte Pflanzen lassen ihre Früchte erst ab August reifen.

Schwarze Pflaume *(Black Plum):* Die kleinen, fast schwarzen Früchte sind äußerst süß und saftig. Aufgrund ihrer etwas schmuddeligen Farbe stoßen sie nicht überall auf Zustimmung.

Olirose: Die eher kleinen Früchte sind länglich und haben ein rosarotes Fruchtfleisch. Auch sie sind sehr süß.

Stolz von Oregon *(Oregon Pride):* Die roten, länglichen Früchte dieser amerikanischen Sorte reifen mittelfrüh. Besonders beliebt ist sie bei Hobbygärtner, weil sie gegen die Verticillium-Welke resistent ist.

Orange Bourgoin: Eigentlich eine Cocktailtomate, passt die Sorte mit ihren pflaumengroßen Früchten aufgrund ihrer Form in die Kategorie »Roma«. Ihr fruchtiges, süßes Aroma prädestiniert sie außerdem als Naschfrucht.

Fleischtomaten
Andere Namen: *Großfrüchtige Tomaten,*
Dickfrüchtige Tomaten
Schon der Anblick dieser dicken, fast wollüstigen Früchte macht Appetit. Die Fleischtomaten sind meist gerippt, ausgeprägt gerippte Sorten sind mit ihren vielen Furchen sehr hübsch anzusehen. Fleischtomaten sind echte Schwergewichte, bei Wettbewerben erzielen sie nicht selten ein Gewicht von über zwei Kilogramm. Im heimischen Garten fällt das Ergebnis meist zwar niedriger, aber immer noch beachtlich aus, sie erreichen locker ein stattliches Gewicht von 200 bis 250 g.

Beliebte Fleischtomaten

Marmande: Wer von Fleischtomaten redet, meint in den meisten Fällen die Sorte »Marmande« oder »Marmande ancienne«. Die roten Früchte lassen sich gut weiterverarbeiten, sie sind aromatisch, fruchtig und auch die Erträge dieser Sorte sind nicht zu verachten. Hier vereint sich also alles, was eine gute Fleischtomate ausmacht.

Tafelfreude: An dieser alten Sorte hatten vor allem schon die Italiener ihre helle Freude, denn die roten Früchte bringen gut 200 bis 250 g auf die Waage.

Purpurkalebasse *(Purple Calebush)***:** Meiner Meinung nach eine der schönsten Tomaten: Die sehr saftigen Früchte sind dunkelviolett bis rotbraun oder fast schwarz und stark gerippt. Sie schmecken äußerst intensiv, fast honigartig, der Ertrag ist hoch. Das sollte aber nicht dazu verleiten, die Pflanze ungehindert wachsen zu lassen, zu viele Früchte, gerade in den oberen Regionen, verwässern das Aroma. Deshalb wenig Früchte an der Pflanze lassen.

Carotina: Die widerstandsfähigen Pflanzen bringen große Früchte von intensiv oranger Farbe hervor. Sie werden gern wegen ihrer Milde (= wenig Säure) gegessen.

Brandywine: Viele amerikanische Gärtner behaupten, dass diese Sorte die beste Tomatensorte überhaupt ist. Und deshalb streitet man sich in Fachkreisen auch, wer die Brandywine auf den Markt gebracht hat. Sicher ist: es ist eine alte, amerikanische Sorte. Es gibt sie als »Red Brandywine«, »Yellow Brandywine« und »Pink Brandywine«. Ursprünglich hieß sie allerdings einfach »Brandywine« und bringt rote Früchte hervor. Wie so oft bei beliebten

Sorten ist sie ertragreich und widerstandsfähig und von gutem Geschmack.

Russische Schwarze *(Black Russian):* Diese Sorte, die tatsächlich aus Russland stammen soll, ist sehr robust. Die Früchte sind groß und von dunkelroter bis brauner Färbung. Guter, süßer Geschmack. Sehr saftig!

Roter Kürbis: Wer das Prädikat »Kürbis« für sich beansprucht, darf kein Leichtgewicht sein: Die Früchte dieser Tomatensorte erreichen bis zu einem Kilo. Deshalb eignet sich diese Tomate auch gut zum Füllen und nicht zum Naschen ...

Burpee's Best *(Delikatesstomate von Burpee):* Benannt wurde diese Fleischtomate nach der Firma, die sie züchtete. Burpee ist ein in Amerika sehr bekannter Saatguthersteller. Die riesigen, roten Früchte sind saftig und platzen nicht leicht auf.

Rindfleischtomate *(Beefsteak):* Garantiert BSE-frei ist diese amerikanische Fleischtomate, deren große Früchte es auch auf Ausstellungen schaffen.

Sankt Vinzenz: Die großen, gelben Früchte dieser Sorte eignen sich aufgrund ihres süßsauren Aromas nicht nur zum Kochen, sondern heben auch das geschmackliche Niveau von Salaten.

Tomatensorten, die aus der Reihe tanzen

Wer kategorisieren will, dem fallen immer wieder einige Sorten durchs Raster. Manchmal sind die Tomaten viel kleiner als Kirschtomaten, ein anderes Mal ist die Tomate hohl und erinnert eher an eine Paprika oder eine Banane denn an einen Paradiesapfel. Deshalb stelle ich im Folgenden einige ungewöhnliche Sorten vor, die sich besonders bei Tomatenfans großer Beliebtheit erfreuen.

Beliebte, ungewöhnliche Tomatensorten

Banana Legs: Gelbe, längliche Früchte, die nicht im entferntesten an Tomaten erinnern. Wenig Saft und Säure, daher im Geschmack etwas fad. Dafür kleckert's nicht, wenn man hineinbeißt. In punkto Originalität schlägt die Bananenbeine keine andere Tomate.

Rote Johannisbeere *(Red Currant):* Sehr kleine Wildtomate, die wenig Pflege benötigt. Die Pflanzen kriechen notfalls sogar auf dem Boden, wenn Rankhilfen fehlen. Auch in Kübeln unproblematisch in der Aufzucht. Die Früchte sind sehr süß und eignen sich gut zum Naschen zwischendurch. Da die Mini-Tomaten schnell platzen, eignen sie sich nicht für längere Transporte und bleiben so auf heimische Gärten beschränkt.

Goldene Johannisbeere *(Golden Current):* Wie die rote Johannisbeere benötigt auch diese gelbe Sorte wenig Pflege. Die Früchte schmecken ähnlich süß und werden besonders von Kindern gern genascht.

Andenhorn: Das Horn der Anden erinnert stark an spitze Paprika. Die Pflanzen sind sehr robust und ertragreich. Die großen roten Früchte werden früh reif und eignen sich besonders gut zum Kochen. Die Legende besagt, dass diese alte Sorte erst vor einigen Jahren von einem französischen Sammler aus den Anden mitgebracht wurde.

Gelbe Paprika: Das Andenhorn hat auch eine gelbe Schwester. Aufgrund ihres mehligen Fleisches und mangelnder Säure eignet sie sich – ähnlich wie eine Paprika – am besten zum Füllen.

De Berao *(manchmal auch: Baumtomate):* Diese Sorte scheint sich vom Geheimtipp zur allgemein akzeptierten Sorte zu mausern. Wuchshöhen von fünf Metern sollen keine Seltenheit sein, wenn man die Pflanze klettern lässt. De Berao zeichnet sich insbesondere durch die relativ hohe Resistenz gegen Pilzerkrankungen aus – Regen schadet zwar auch ihr, doch sie muss schon Einiges abbekommen, um zu erkranken. Die Früchte sind sehr fest und leicht eiförmig.

Yellow Stuffer *(Gelbe zum Füllen):* Man kann die großen gelben Früchte glatt mit gelben Paprika verwechseln. Und ähnlich wie die Paprika ist die »Gelbe zum Füllen« – wie sie oft genannt wird – prädestiniert zum Füllen. Geschmacklich haben die fast hohlen Früchte eher weniger zu bieten, sie schmecken wegen mangelnder Säure fad und mehlig.

Zahnrad *(Gezahnte Tomate):* Die Früchte dieser roten Sorte sind so stark gerippt, dass sie von der Form her an Zahnräder erinnern. Wider Erwarten schmeckt diese Sorte ausgesprochen gut, wenn auch wenig saftig. Besonders hübsch ist das Reifen dieser Früchte anzusehen: teilweise sind einige »Rippen« noch grün, andere schon reif.

Ananastomate *(Pineapple):* Die orange-roten Früchte machen ihrem Namen alle Ehre: Schneidet man die Früchte horizontal in Scheiben, ähneln sie einer Ananas. Da die Früchte bis zu 1000 g schwer werden, müssen die Pflanzen unbedingt gut gestützt werden. Im Zweifelsfall – bevor ganze Früchte abfallen – sollte auch die einzelne Frucht abgestützt werden.

Ochsenherz: Diese Sorte gibt es in zwei Größen, eine mittelgroße (»Kleines Ochsenherz«) und eine etwas größere (»Ochsenherz«). Die Früchte haben tatsächlich Herzform und zeichnen sich durch wenig Kerne aus. Das feste Fruchtfleisch macht das Ochsenherz zu einer begehrten Salattomate.

Téton de Venus jaune *(Venusbrüstchen):* Beim Anblick dieser Sorte waren die Namensgeber sicher ziemlich erotisiert. Der spitzzulaufenden gelben Tomate kann das egal sein, sie ist unempfindlich gegen Krankheiten, ist saftig und hat ein säuerliches Aroma – wie es sich für eine gute Tomate gehört ...

Wer auf der Suche nach Tomatensamen den Weg in den Gartenfachhandel nimmt, wird oft angenehm überrascht. So vertreiben auch die großen Saatguthersteller Sorten wie »Gelbes Birnchen« oder »Goldene Königin«. Wer auf Außergewöhnliches aus ist, kommt um den Versandhandel nicht herum. Eine wahre Fundgrube an alten, samenechten Tomatensorten (die man selbst weitervermehren kann) bietet die Ferme de Sainte Marthe (siehe Bezugsquellen). Der französische Betrieb hat sich auf seltene Gemüsepflanzen spezialisiert und bietet neben 48 samenechten Tomatensorten auch andere Gemüse-Raritäten an. Ins Programm genommen werden von Ferme-Chef Philippe Desbrosses nur Sorten, die sich als robust, ertragreich und geschmacklich gut bewährt haben.

Die Tomate, die keine ist: Baumtomate *(Cyphomandra crassicaulis).* Man findet sie für teueres Geld in den großen Supermärkten und im gut sortierten Gemüsehandel: die Baumtomate. Streng genommen ist sie keine Tomate der Gattung Lycopersicon, denn sie wächst an holzigen Büschen, die Baumgröße erreichen. In tropischen Ländern, wo die Baumtomate häufiger anzutreffen ist, bereichert sie selbstverständlich den Speisezettel, hier wird sie wegen ihres teuren Preises einen Exotenstatus behalten.

Diese »Tomaten« schmecken besonders gut, wenn man sie ähnlich einer Kiwi halbiert und das Innere herauslöffelt. Die Schale ist dicker als bei normalen Tomaten und bietet sich im rohen Zustand nicht unbedingt zum Verzehr an.

Tomaten im Garten

Tomaten selber ziehen

Jedes Jahr wiederholen sich in den Gartenmagazinen die Berichte, wie Tomaten unproblematisch im heimischen Garten angebaut werden können und wie man die vielen möglichen Krankheiten und Fehler vermeidet. Warum sind Tomaten die »Sorgenkinder« vieler Gärtner? Zunächst einmal benötigen Tomaten viel Sonne, am liebsten haben sie einen geschützten Platz in Südlage. Und der, bitte schön, soll dann auch noch vor Regen geschützt sein. Regen vertragen die »Sensibelchen« nämlich noch viel schlechter als Sonnenentzug. So mancher verregnete Sommer ließ den Tomaten-Ertrag gegen null schrumpfen, weil die Pflanzen vom gefürchteten »Phytophthora«-Pilz dahingerafft wurden.
Doch wenn man ein paar Regeln beherzigt, können Tomaten auch in feuchteren Gegenden gedeihen.
Begonnen wird mit der Aussaat Ende Februar oder in der ersten Märzhälfte in Anzuchtkästen, die Zimmertemperatur haben sollten. Für die Aussaat im Freiland ist es hierzulande viel zu kalt.

Bio-Saatgut zeichnet sich vor allem dadurch aus, dass es nicht gebeizt, also chemisch behandelt wurde, um Krankheitserregern keine Chance zu geben. Eine gesunde »Beize« kann man den Samen auch mit einem »Knoblauch-Auszug« geben.

Dazu werden 100 g Knoblauch klein geschnitten und mit einem Liter Wasser angesetzt. Das Ganze sollte nicht länger als eine Stunde ziehen. Die Samen gibt man dann in ein Gazesäckchen (oder einen Teefilter aus Zellstoff) und lässt diesen eine Viertelstunde im Aufguss ziehen. Danach die Samen auf Papier trocknen lassen und innerhalb eines Tages aussähen.

Nach Entfaltung erster Blätter wird aussortiert: Die kräftigen Sämlinge werden im Abstand von drei bis fünf Zentimetern pikiert. So früh wie möglich sollte dann mit dem Abhärten angefangen werden, denn bei Zimmertemperatur schießen die Jungpflanzen nur allzu schnell in die Höhe – und das führt in der Regel nicht zu kräftigen, gedrungenen Pflanzen, die später viele Früchte tragen. Da im März und April noch mit Nachtfrösten zu rechnen ist, benötigen die Pflänzchen noch Schutz, am besten im Frühbeet oder unter Folie.

Wem das zu viel der Pflege und Hege ist, kann sich das Heranziehen sparen und ab April vorgezogene Pflanzen auf Wochenmärkten, Pflanzenbörsen und Gärtnereien kaufen. Die Tomatenpflanzen haben dann meist schon die stattliche Höhe von 20 cm und können, wenn nicht mehr mit Nachtfrösten zu rechnen ist, bereits ins Freiland gepflanzt werden. Private Pflanzenbörsen, wie sie häufig auch von botanischen Gärten meist zweimal jährlich veranstaltet werden, sind für Liebhaber besonders ungewöhnlicher Tomatensorten oft eine wahre Fundgrube, weil z. B. Sorten wie die gelben »Banana Legs« aufgrund strenger Agrargesetze nicht im Handel vertrieben werden.

Ab 20. Mai dürfen die Tomatenpflanzen endlich ins Freiland gepflanzt werden. Gepflanzt wird in einem Abstand von mindestens 50 bis 60 cm. Das Pflanzloch sollte mit Kompost gefüllt sein, damit von Anfang an genügend Nährstoffe vorhanden sind. Um ein gutes Anwachsen zu gewährleisten, greift man bei Tomaten zu einem Gärtnertrick: Die Pflanzen werden etwas schräg und tief eingepflanzt, damit sich möglichst viele neue Wurzeln bilden.

Ebenso wichtig wie genügend Platz ist eine Rankhilfe. Häufig tut es ein Bambusstock, inzwischen gibt es im Gartenhandel auch so genannte »Tomatenspiralen«, lange, leicht gewellte Metallstangen. In Gewächshäusern kann man übrigens eine von mir mittlerweile favorisierte Rankhilfe finden: Die Tomatenpflanzen bekommen zwar nach wie vor einen Stock, doch der allein ist ziemlich starr; und kippt ein Stock, dann liegt auch die Pflanze auf dem Boden. Besser: Links und rechts vom Tomatenbeet setzt man stabile Pfosten und spannt in ungefähr 2 m Höhe einen dünnen Draht von Pfosten zu Pfosten. Um die Stängel der einzelnen Pflanzen windet man dann Bast und befestigt diesen dann an dem horizontal gespannten Draht.

Wichtig beim Anbau von Tomaten ist das Entgeizen. Damit ist das Ausknipsen der Achseltriebe gemeint. Zwei Haupttriebe reichen in der Regel, mehr Triebe führen nicht automatisch zu höheren Erträgen. Eine Ausnahme gibt es aber auch beim Entgeizen: Buschtomaten, also kleine buschige Sorten, brauchen nicht entgeizt zu werden, sie wachsen auch insgesamt viel gedrungener. Gegen Ende der Saison, wenn die Früchte ausgewachsen sind und die Früchte anfangen rot zu werden, sollte man den Haupttrieb oberhalb des letzten Fruchtstandes kappen. Weitere Blüten würden ohnehin nicht mehr zu Früchten führen, die rechtzeitig reifen. Also kappt man die Pflanze, damit die ganze Kraft nicht in weitere Blüten investiert wird, sondern den vorhandenen Früchte zugute kommt.

F1-Hybriden oder Samenechte?

»Krankheitsresistent«, »Natürlich gesund« – so werben Saatguthersteller mit ihren F1-Hybriden, die hohe Ernten und geringe Anfälligkeit gegen gefürchtete Pilzerkrankungen wie die Kraut- und Braunfäule garantieren sollen.

Was ist dran an diesen Hybriden? Durch Kreuzung genetisch unterschiedlicher Eltern mit besonderen Merkmalen – z. B.

Krankheitsresistenz oder besonders hohe Ertragfähigkeit – erhält man Nachkommen, die in der gesamten Generation einheitlich die gleichen Merkmale aufweisen. Diese sogenannte F1-Generation ist oft vitaler als die Eltern, da die Züchter viele Kombinationen getestet haben und die so erzielte Sorte auf bestimmte Merkmale optimiert wurde. Dies wäre bei normale Vermehrung nicht möglich. Bei der Hybridisierung muss nämlich ausgeschlossen werden, dass Pflanzen durch Selbstbestäubung oder Fremdbestäubung durch Insekten befruchtet werden. Dazu ist viel technisches Geschick von Nöten.

Nach der Mendel'schen Vererbungslehre bleibt die Verteilung der gewünschten Merkmal leider nicht in der nächsten F2-Generation erhalten. Die Merkmale werden nur an einige Samen weitervererbt, das aus der F1-Generation gewonnene Saatgut lässt dann zum Teil recht unterschiedliche Pflanzen entstehen. Wer es auf Einheitlichkeit abgesehen hat, spielt dann quasi Lotto – man weiß schlichtweg nicht, was man bekommt. Deshalb kön-

nen die Samen, die die F1-Generation ausbildet, eigentlich nicht für die weitere Gewinnung von Saatgut genutzt werden.

Wer also auf eine bestimmte Hybridsorte schwört, muss Jahr für Jahr neues, teures Saatgut kaufen. Zwar verdient die Saatgut-Industrie auch ganz gut daran, aber sie hat natürlich auch mehr Arbeit: Der Züchter muss zur Produktion der F1-Hybriden nämlich immer zwei Sorten kultivieren, die dann per Hand gekreuzt werden müssen – eine ziemlich aufwändige Angelegenheit. Deshalb verraten auch die Hersteller nicht, wie die Eltern ihrer »Ziehkinder« heißen.

Da die Auswahl an samenechten Sorten aber mittlerweile sehr groß ist, finden sich leicht die richtigen Sorten für den eigenen Garten oder den Balkon. Der Vorteil liegt auf der Hand, denn aus den geernteten Tomaten kann man die Samen herauslösen und für die Aussaat im nächsten Jahr aufbewaren.

Gratisdünger aus dem Garten

Tomaten gehören im Garten zu den Starkzehrern, benötigen also viel Dünger. Wer nicht auf Komposterde zurückgreifen kann, muss noch lange nicht den Griff ins Regal mit dem Dünger greifen. Gerade Tomaten gedeihen mit Pflanzenjauche hervorragend. Dabei scheint nicht nur der Nährwert für die Pflanzen von Bedeutung zu sein, sondern auch der Gesundheitsfaktor. Viele Gärtner schwören darauf, dass Tomaten einfach gesünder gedeihen und weniger krankheitsanfällig sind, wenn die Pflanzen mit Beinwelljauche gedüngt oder gemulcht werden.

Pflanzenjauche

Für die Herstellung von Pflanzenjauche eignen sich viele Pflanzen. Der Klassiker ist sicherlich die Brennnesseljauche *(Urtica)*, aber auch aus den fleischigen Beinwellblättern *(Symphytum officinale)*, Rainfarn *(Chrysanthemum vulgare)* oder Zinnkraut (auch Acker-Schachtelhalm genannt, *Equisetum arvense)* lassen

sich gute Pflanzenjauchen herstellen. Beinwelljauche enthält neben Stickstoff auch Kali.
Wahrscheinlich wirken aber auch noch andere Stoffe positiv auf das Wachstum der Tomaten, denn viele Hobbygärtner berichten,
dass gerade Beinwell den Tomaten gut tut.
Die Kräuter für den Jauchansatz kann man
auch mischen, so bereichern Brennnesseln
eine Beinwelljauche um Magnesium, Eisen,
Spurenelemente und heilpflanzliche Wirk-
stoffe, deren Wirkung auf Pflanzen noch
nicht richtig erforscht ist.

Für das Ansetzen der Jauche rechnet man 1 kg frisches Kraut auf
10 l Wasser, idealerweise Regenwasser. Man setzt das Ganze in
einer großen Tonne oder einem Eimer an. Da das Pflanzenmate-
rial vergärt, sollte man das Behältnis nicht verschließen, ein Git-
ter sollte man dennoch auf den Ansatz geben, damit Vögel und
neugierige Kleintiere nicht hineinfallen können. Der Jauchean-
satz wird regelmäßig umgerührt, um Sauerstoff ins Wasser zu
bringen.
Bei warmer Witterung beginnt der Zersetzungsprozess sehr
schnell und man hat nach etwa einer Woche eine gebrauchsfer-
tige Pflanzenjauche, bei Kälte dauert es schon bis zu drei Wochen, bis sich das Kraut zersetzt hat. Fertig ist die Jauche, wenn
sie eine dunkle Farbe angenommen hat und nicht mehr schäumt
wie zu Beginn. Da sie ziemlich streng riecht, kann man mit etwas Gesteinsmehl für weniger Geruchsbelästigung sorgen.
Dieser preiswerte Dünger sollte im Verhältnis 1:10 mit Wasser
verdünnt auf die Wurzelballen der Pflanzen gegossen werden.
Bei der Kultur in Kübeln sollte stärker verdünnt werden, im Verhältnis 1:20, da es hier schnell zur Überdüngung oder »Verbren-
nungen« an den Wurzeln der Pflanzen kommen kann.

Mulch

Mulchen mit organischem Material ist eine einfache Sache: Man gibt Stallmist, Stroh, Rinden- oder Gartenkompost auf die Bodenoberfläche um die Pflanze herum. Dies ist bei Tomaten aus mehreren Gründen sinnvoll:

Die Mulchschicht bewahrt die Bodenfeuchtigkeit und schützt das Erdreich vor Verwitterung. Daneben wird auch die Bodentemperatur konstant gehalten – gerade bei Frühbeeten wird Mulch deshalb häufig als Schutz vor Bodenfrost gewählt.

Darüber hinaus dämmt die Mulchschicht das Wachstum unerwünschter Wildkräuter ein, die sich unter der dicken Schicht gar nicht erst ans Tageslicht kämpfen können.

Mit der Zeit verwittert die organische Mulchschicht und setzt so Nährstoffe für die Tomatenpflanze frei.

Gute Erfahrungen habe ich bei Tomaten mit den dickfleischigen Beinwellblättern und Brennnesseln gemacht, eine Mulchschicht, die sich auch leicht in Kübeln praktizieren lässt, denn viele Gärtner können heutzutage nicht mehr einfach auf Stallmist oder Stroh zurückgreifen.

Richtige Sortenauswahl verhindert Ernteschwemme

Welcher Gärtner kennt das nicht: Mit einem Mal werden fast alle Tomaten gleichzeitig rot, wo die ersten Früchte doch nur sehr langsam reif wurden. Dem kann durch clevere Sortenwahl geholfen werden: Man wählt frühe, mittelfrühe und späte Sorten. So können z. B. »Königliche von Guineaux« bereits ab Ende Juni geerntet werden (wenn sie genügend Sonne bekommen haben), ebenso die kartoffelblättrige »Matina« und die eiförmige »Roma«. Tomaten der Sorte »Evergreen« hingegen werden erst ab Mitte August reif, ebenso die meisten großen Fleischtomatensorten, deren Früchte einfach länger brauchen, um an der Pflanze zu reifen.

Man kann auch versuchen, die einzelnen Sorten zeitversetzt auszusäen, um über einen längeren Zeitraum hinweg immer frische Tomaten ernten zu können, ohne in »Einmach-Stress« zu geraten.

Gute Nachbarn, schlechte Nachbarn

Im Biogarten wird das Wissen um die Wechselwirkungen von benachbarten Pflanzen schon lange genutzt. Auch die Tomaten harmonieren mit bestimmten Nachbarn gut, mit anderen vertragen sie sich weniger.

Unliebsame Gartenbewohner wie Erdflöhe, Möhrenfliegen oder Kohlfliegen ergreifen die Flucht, wenn ihnen der Geruch von Tomatenpflanzen – der zugegeben ziemlich streng ist – in die Nase steigt. Deshalb sind Karotten auch dankbar für die abschreckende Nachbarschaft der Tomaten. Wer die Pflanzen nicht nebeneinander platzieren will, kann zu einem Trick greifen: Einfach die Tomatenblätter, die beim Entgeizen oder Kappen der Tomaten anfallen, als Mulchschicht auf das Erdreich um die gefährdeten Pflanzen legen.

Ein Auszug aus Tomatenblättern und Wasser – beides etwa zwei bis drei Stunden durchgezogen – kann Kohlfliegen vom Weißkohl abschrecken, wenn der Kohl mit dem Auszug besprüht wurde. Achtung: Kurz vor der Ernte sollte aber nicht mehr gespritzt werden, da der Auszug aufgrund des Solaningehalts der Tomatenblätter schwach giftig ist.

Gute Nachbarn der Tomate sind Karotten, Radieschen, Rettich und Sellerie, ebenso Salat, Spinat, Lauch, Spargel und Bohnen sowie die meisten Kohlsorten.

Genügend Abstand brauchen Tomaten aber unbedingt von den Kartoffeln. Die beiden »Geschwister« aus der Familie der Nachtschattengewächse vertragen sich nämlich überhaupt nicht. Besonders beeinträchtigt wird ihr Verhältnis durch die gleichen Krankheiten. Pflanzt man Kartoffeln nicht mehr an einen bestimmten Ort, weil Pilzkrankheiten die Ackerfrüchte nicht gedeihen ließen, ist es auch keine gute Idee, dort künftig Tomaten anzubauen – die bekommen die Krankheit dann garantiert. Die Pilzsporen überleben nämlich im Erdreich ziemlich hartnäckig.

Einige Tomatenkrankheiten

Kraut- und Braunfäule (Phytophthora infestans)
Die wohl gefürchtetste Pilzkrankheit bei Tomatengärtnern: An den Blättern zeigen sich bräunliche Flecken, auf der Blattunterseite bildet sich bei feuchter Witterung ein weißer Schimmelrasen. Die betroffenen Blätter vertrocknen oder faulen, je nach Witterung. Allmählich gehen die Pilze dann auch auf die Früchte über, gut erkennbar an den braunen, eingesunkenen Flecken. Das Fruchtfleisch verhärtet sich und wird schließlich faul, meist stirbt die Pflanze ab. Die Kraut- und Braunfäule hat schon ganze Tomatenernten (und, noch viel schlimmer, ganze Kartoffelernten) vernichtet.
Vermeiden lässt sich die Kraut- und Braunfäule durch robuste Sorten (z. B. »De Berao«) und vor allem durch Schutz vor Feuchtigkeit. Der Pilz überlebt im Bodenreich, so dass er durch Spritzwasser (wenn man mit der Kanne in hohem Bogen gießt) leicht auf die Blätter gelangen kann. Deshalb empfiehlt es sich auch nicht, Tomaten mit einer Beregnungsanlage zu wässern. Wer auf automatisches Bewässern nicht verzichten will, sollte auf

Anlagen zurückgreifen, die Wasser ins Bodenreich tropfen. Außerdem sollten die einzelnen Pflanzen genügend Platz haben, so dass sie sich nicht gegenseitig anstecken können. Wenn die Pflanzen dann noch einen Unterstand bekommen, der sie auch vor Regennässe schützt, ist das Risiko einer Phytophthora-Infektion minimiert. Beim Anbau unter Glas ist entsprechend auf gute Lüftung zu achten, damit die oft hohe Luftfeuchtigkeit nicht zum idealen Brutzentrum für die Pilzerkrankung wird.

Doch was tun, wenn sich die ersten Blätter braun verfärben und absterben? Im Anfangsstadium kann man die erkrankten Blätter entfernen. Auch dabei unbedingt auf Hygiene achten: Die Gartenschere hinterher reinigen und die infizierten Blätter über den Hausmüll entsorgen. Auf dem Kompost haben kranke Blätter nichts zu suchen, da der Pilz im Humus überleben würde.

Weiße Fliege (»Kohlmotte«) *(Trialeurodes vaporariorum)*

Wer kennt das nicht: Man streift die Blätter der Tomatenpflanze und plötzlich fliegen überall kleine Fliegen (die zoologisch betrachtet keine Fliegen sind) erschreckt auf. Die weiße Fliege saugt an den Tomatenblättern Pflanzensaft und scheidet klebrigen Honigtau aus. Als Folge vergilben die Blätter, welken und vertrocknen.

Eine vorbeugende Maßnahme ist ausreichende Lüftung, denn weiße Fliegen sind sehr oft ein Problem im Frühbeet oder im Gewächshaus. Im Kampf gegen die weiße Fliege haben sich als Biowaffe Spinnen und Schlupfwespen bewährt, die man mittlerweile sogar per Post bestellen kann (Adressen siehe Seite 167). Wenn die weißen Fliegen eines hassen, dann ist es der Duft von Tagetes. Durch rechtzeitiges Pflanzen kann ein Befall nicht immer völlig verhindert werden, er fällt aber meist deutlich geringer aus, so dass die Tomaten damit alleine klarkommen.

Samtfleckenkrankheit *(Fulvia fluva)*

Auf den Blattunterseiten – meist von Gewächshaus-Pflanzen – zeigt sich ein grau-violett schimmernder, samtartiger Pilzbelag, der die Blätter nach einiger Zeit absterben lässt.

Hervorgerufen wird diese Krankheit durch den Pilz *Fulvia fluva*, der wie die meisten Pilze Wärme und Feuchtigkeit liebt. Deshalb sollte für genügend Luftzirkulation gesorgt werden.

Wie auch bei anderen Pilzerkrankungen sollte man zunächst die befallenen Blätter entfernen – und keinesfalls auf den Kompost geben, denn dort könnte der Pilz überleben und im nächsten Jahr die Pflanzen erneut infizieren.

Blütenendfäule

Diese Krankheit findet man an halbentwickelten Früchten, an denen sich erst kleine braune Flecken gegenüber dem Stielansatz zeigen, die dann zu großen Stellen auswachsen und die gesamte Frucht verderben.

Ursache dieser Krankheit sind meist Wasserstress, also stark schwankende Versorgung mit Wasser während der Wachstumsphase, und kurzfristiger Kalziummangel. Begünstigt wird die Blütenendfäule auch durch humusarmen oder durch überdüngten Boden.

Wie bei fast allen Krankheiten ist vorbeugend für ausreichende Nährstoffversorgung zu sorgen, denn gesunde Pflanzen werden seltener krank.

Dürrfleckenkrankheit *(Alternaria solani)*

Manchem fällt diese Krankheit erst auf, wenn sich abgestorbene Blätter einrollen. Greift die Krankheit auf die Früchte über, werden sie faul und weich (im Gegensatz zur Kraut- und Braunfäule, wo sich das Fruchtfleisch verhärtet).

Verursacher ist wieder einmal ein Pilz. Er wird vom Wind verbreitet, hält sich aber auch gern im Boden und an »organischen« Rankhilfen wie Holzstäben auf.

Den Kampf sagt man dem Pilz an, wenn man die Pflanze trocken hält, das heißt Wasser nur über den Wurzelbereich gibt, was auch vorbeugend gegen andere Krankheiten wirkt. Dazu gehört z. B. auch, die Pflanzstäbe nach der Pflanzsaison zu reinigen. Hygiene im Garten ist gerade bei Pilzerkrankungen sehr wichtig. Da der Pilz auch Kartoffeln befällt, sollten Tomaten nie in Nähe der Stärkeknollen stehen.

Aufplatzen der Früchte

Keine Krankheit im eigentlichen Sinne ist das Aufplatzen der Früchte, manchmal ringförmig, manchmal längsseits. Für dieses Platzen der Früchte ist kein Erreger verantwortlich, denn die Risse entstehen durch ungleichmäßige Wasserversorgung bei gleichzeitig starker Sonneneinstrahlung. Wer vergessen hat, seine Tomaten zu gießen, sollte nicht panisch eine Überschwemmung verursachen, denn gerade dann kann es zum gefürchteten Platzen kommen.

Gegen das Aufplatzen gibt es einen wirklich wirksamen Schutz: regelmäßige, ausgeglichene Wasserversorgung.

Krankheiten vermeiden

Unter Hobbygärtnern ist es schon fast eine Binsenweisheit, dass Tomatenpflanzen vor Regen geschützt stehen müssen. Warum? Tomaten sind extrem anfällig für die Braunfäule *(Phytophthora infestans)*, die zunächst die Blätter braun werden lässt und bald auch auf die Früchte übergreift. Diese Pilzkrankheit hat – übrigens auch bei der Kartoffel – schon viele Ernten gänzlich vernichtet. Beste Bedingungen findet der Pilz im feuchten Milieu. Selbst durch sintflutartiges Gießen gelangt er aus dem Boden durch Spritzwasser an die Blätter und kann sich dort – genügend Feuchtigkeit vorausgesetzt – vermehren und der Pflanze schaden. Deshalb ist es wichtig, den Tomatenpflanzen ausreichenden Schutz vor Regen zu geben. In der Landwirtschaft werden Tomaten deshalb in Deutschland vor allem unter Glas angebaut. Im kleinen Garten bietet es sich an, den Tomaten eine Art Unterstand zu bauen. Den Tomaten zuliebe wurde übrigens sogar bei den meisten Kleingartenvereinen die Satzung verändert. Die verbietet nämlich häufig die »Bebauung« mit mehr als einer festen Einheit – dem Haus. Eine Ausnahme darf für die Tomaten gemacht werden, die können ihren Unterstand auch bekommen, wenn auf der Parzelle bereits ein Häuschen steht.

Wer keine Möglichkeit hat, den Tomaten einen Unterstand zu bauen, sollte sie möglichst an der Südseite eines Hauses pflanzen, damit die Tomaten tagsüber reichlich Sonne tanken können und trocken bleiben.

Der Handel hält zudem spezielle Tomatenhauben bereit, die die Pflanzen wie ein Regenmantel schützen sollen. Das Problem dieser Plastikhauben ist, dass sie oft nicht ausreichend Luft an die Pflanzen lassen und somit unter der Haube wiederum Feuchtigkeit entsteht, die ideale Wachstumsbedingungen für Pilzsporen bietet. Die Tomatenhauben sind also nur geeignet, wenn Luft trotzdem ausreichend zirkulieren kann. Ein weiteres Problem ist die Entsorgung. Zwar verbrennen die meisten Materialien neutral, doch die Müllberge lassen sie nicht schrumpfen ...

Natürlich haben auch die Saatguthersteller versucht, das Problem der Krankheitsanfälligkeit in den Griff zu bekommen. Sie haben durch Hybridisierung Sorten gezüchtet, die weniger anfällig für die Braunfäule und andere Pilzerkrankungen sind. Die Betonung liegt auf »weniger«, denn ganz konnte man dem Problem bisher nicht Herr werden. Wer sein Saatgut nicht aus selbst gezogenen Tomaten gewinnt und bereit ist, jedes Jahr deutlich mehr Geld als für »normale« Sorten auszugeben, kann diese F1-Sorten natürlich ausprobieren. Meist ist auf den Tütchen groß vermerkt, dass diese Sorten krankheitsresistent sind. Für besonders regenreiche Gegenden, in denen andere Sorten nicht gedeihen, sind F1-Sorten eine gute Alternative.

Eine samenechte Sorte hat sich in den letzten Jahren den Ruf erarbeitet, äußerst resistent gegen Braunfäule zu sein: »De Berao«. Diese Sorte hielt sozusagen als Geheimtipp Einzug in die Gärten und ihre stolzen Besitzer wurden nicht müde, die fast übermütig wachsenden Pflanzen zu preisen. Die Früchte der

»De Berao« sind nicht rund, sondern eher länglich wie Eiertomaten, aber ein wenig breiter, fast eckig. Lässt man die Pflanzen wachsen, kann es sein, dass man zum Ernten der obersten Früchte eine Leiter braucht. Das kann man natürlich durch rechtzeitiges Kappen des Haupttriebes verhindern.

Generell gilt für die Vermeidung von Krankheiten: Je gesünder die Pflanze ist, desto weniger anfällig ist sie für die gefürchteten Krankheiten und auch Schädlinge. Besonders Blattläuse fallen gern über zu stark gedüngte Pflanzen her: Die Pflanze weiß gar nicht, wohin mit den ganzen Nährstoffen und »parkt« die Assimilate (vor allem Zucker) in den Blättern, die dann immer praller werden und für Läuse geradezu zum »Anbeißen« sind. Wie heißt es so schön: Jeder Gärtner bekommt die Schädlinge, die er verdient ...

Tipps und Tricks
aus der Tomatenküche

Lagerung von Tomaten

Tomaten bleiben kühl aufbewahrt ziemlich lange frisch, allerdings bietet sich die Lagerung im Kühlschrank nicht unbedingt an, weil der Geschmack darunter leidet. Wer Tomaten beim Händler kaufen muss, sollte also stets nur so viele kaufen, wie demnächst gebraucht werden. Diese Früchte kann man dann bei Zimmertemperatur bis zu einer Woche lagern, ohne dass sie matschig werden oder verderben.

Möchte man Tomaten länger aufbewahren, kommt man am Kühlschrank nicht vorbei. Da der Kühlschrank-»Aufenthalt« mit Aromaverlusten einher geht, sollte man die Tomaten ein paar Stunden vor dem Verzehr aus dem Kühlschrank nehmen und ihnen Zeit zum »Akklimatisieren« geben. Das Aroma entfaltet sich dann langsam wieder.

Treibhauseffekt

Egal wo man die Früchte lagert, sie sollten nicht luftdicht verpackt werden. In einer geschlossenen Plastiktüte oder Frischhaltedose verströmen die reifen Früchte das Reifegas Ethylen. Dies kann in geschlossenen Gefäßen schnell zu Überreife führen. Auch die Gesellschaft von reifen Äpfeln fördert die Reifung. Das kann natürlich auch bewusst eingesetzt werden, um nicht ganz reife Tomaten nachreifen zu lassen.

Zum Einfrieren eignen sich Tomaten im frischen Zustand durch den hohen Wassergehalt nur bedingt. Der Saft dehnt sich beim Gefrieren aus und »sprengt« dadurch die Zellwände. Die Früchte sind nach dem Auftauen matschig und außer zu Sauce kaum weiterzuverarbeiten. Besser: Frische Tomaten zu Suppe oder Sauce verarbeiten und dann einfrieren.

Die klassische Methode, Tomaten haltbar zu machen, ist allerdings das Einmachen. Dabei entwickeln die Tomaten oft sogar mehr Aroma als im frischen Zustand.

So werden grüne Tomaten reif

Wenn die Tage kürzer werden, reifen die letzten Früchte an den Tomatenpflanzen nicht mehr richtig nach. Wer die grünen Tomaten nicht zu Marmelade oder Pickels weiterverarbeiten will, kann sie mit einem Trick doch noch zum »Erröten« bringen, den viele noch aus Kindertagen kennen, wo man sich wunderte, warum dort im Küchenschrank in Zeitung eingewickelte Tomaten lagen. Tatsächlich reifen die grünen Früchte in Zeitungspapier eingewickelt an einem kühlen Ort noch nach. Dieser Notbehelf sollte aber auch einer bleiben, denn am leckersten schmecken die Tomaten, wenn sie am Strauch reifen konnten.

Tomaten häuten

In der Tomatenhaut stecken viele Mineralien und Flavonoide und so sollte man die Paradiesäpfel stets als Ganzes essen oder verarbeiten. Doch es gibt Gerichte, bei denen die Haut einfach unangenehm auffällt, z. B. bei cremigen Suppen oder Saucen. Durch Pürieren kann man Abhilfe schaffen, doch mancher Rest sorgt gerade in fein-cremigen Suppen für getrübten Genuss. In diesem Fall dürfen Tomaten gern gehäutet werden.

Das Häuten ist gar nicht schwer: Man schneidet die Tomaten mit einem scharfen Messer kreuzförmig – gegenüber dem Stielansatz – ein und überbrüht sie für gut 10 Sekunden mit kochend heißem Wasser. An der eingeritzten Stelle löst sich die Haut dann schon ein wenig und man kann sie mit den Fingern leicht abziehen.

Will man die Tomaten nicht in kochendes Wasser geben, kann man die Haut auch mit einem Sparschäler entfernen. Das gelingt allerdings nie so fein wie beim Überbrühen der Früchte.

In vielen Rezepten wird empfohlen, den Stielansatz zu entfernen. Warum? Die Stielansätze sind häufig noch leicht grün und können deshalb das giftige Solanin enthalten. Auch wenn die Menge im Stielansatz minimal ist und im Normalfall keine gesundheitlichen Schäden hervorruft, entfernt man den Strunk besser. Und noch einen Grund gibt es: Der Ansatz schmeckt einfach nicht und wird meist als zu holzig empfunden. Es gilt: Je größer die Tomaten, desto größer auch diese »Halterung«. Das Entfernen des Strunks erübrigt sich natürlich bei kleinen Kirschtomaten.

Wo wir schon bei der Vorbereitung für die weitere Verarbeitung von Tomaten sind: Oft werden Tomaten – gerade für Saucen oder Suppen – entkernt. Dazu schneidet man die Tomate in zwei Hälften und entnimmt die Kerne mit einem Teelöffel.

Tomaten trocknen

Mit einem Wasseranteil von über 90 % gehören die Tomaten sicher nicht zu den Früchten, die sich schnell trocknen lassen. Geschmacklich hervorragend sind natürlich die Dörrtomaten, die in der Sonne getrocknet wurden, sie scheinen sogar die Sonne zu speichern. Bei den deutschen Wetterverhältnissen ist diese Dörrmethode allerdings in den meisten Gegenden denkbar schwierig.

Praktikabler sind da schon Dörrautomaten, die man exakt einstellen kann. Die Tomaten werden zunächst gewaschen, vom Stielansatz befreit und halbiert. Wer mag, kann die Tomaten leicht salzen, das entzieht ihnen Wasser. Der Dörrautomat wird zunächst auf große Stufe gestellt, die Tomaten etwa vier Stunden getrocknet, danach weitere fünf Stunden auf kleiner Stufe.

Wer mag, kann bereits beim Dörren für geschmackliche Varianten sorgen: Man kann beispielsweise auf jede Tomatenhälfte ein Blatt Basilikum geben, das dann einen herrlichen Duft verströmt. Aber auch ohne Dörrautomat kann man Tomaten zu Hause trocknen: im Backofen. Dafür bereitet man die Früchte zunächst genau so zu wie für den Dörrautomaten. Mit der Schnittfläche nach oben werden die Tomatenhälften auf ein Backblech gegeben. Bei etwa 50 °C werden die Tomaten mindestens fünf Stunden langsam getrocknet. Dabei die Backofentür einen Spalt weit

offen lassen, am besten mit einem Holzkochlöffel. Die Feuchtigkeit, die den Früchten durch das Trocknen entzogen wird, kann so besser abziehen. Nach fünf Stunden die Früchte kontrollieren und je nach Größe der Früchte weitertrocknen.

Im Gegensatz zu industriell getrockneten Tomaten bleibt aber meist eine Restfeuchtigkeit in den Früchten, die dann anfällig für Schimmelpilze sind. Die getrockneten Tomaten sollten also unbedingt trocken aufbewahrt und häufig kontrolliert werden. Schimmelige Tomaten unbedingt aussortieren, da sie die anderen »anstecken«. Wer mit seinen selbst getrockneten Tomaten auf Nummer sicher gehen will, sollte sie nach dem Trocknen möglichst bald weiterverwenden, z. B. in Öl einlegen. Wenn die Tomaten stets mit Öl bedeckt sind, können sie nicht schimmeln und halten sich problemlos mehrere Monate.

Zu den Rezepten

Die Angaben in den Rezepten beziehen sich im Normalfall und soweit nicht anders angegeben auf vier Personen.

Bei den meisten Rezepten ist klar angegeben, welche Kategorie von Tomaten zu nehmen ist, z. B. Kirschtomaten. Wo nichts angegeben ist, sind »Durchschnittstomaten« von mittlerer Größe gemeint – und nicht etwa »Dicke Dinger« von einem Kilo Gewicht ...

Bei Suppen und Saucen empfehle ich, die Samen zu entfernen. Zwar ist dies gegen die Lehre von der Vollwertigkeit der Ernährung, doch manchmal können die Tomatensamen, wenn sie länger gekocht werden, dem Gericht einen unangenehmen, bitteren Geschmack zufügen – und der ist unerwünscht.

Wenn Sie selbst ausgefallene Sorten im Garten haben, experimentieren Sie ruhig auch ein wenig bei den Rezepten. Es spricht nichts dagegen, auch aus »Purpurkalebassen« eine Suppe zuzubereiten, auch wenn sie farblich vielleicht nicht den appetitlichsten Eindruck macht. Dafür gewinnen farblich unterschiedliche Sorten besonders, wenn sie gefüllt werden.

Bei einigen Gerichten finden sich Angaben wie »nach Belieben«. Da man bestimmte Kräuter nicht unbedingt immer spontan zur Hand hat, kann häufig variiert werden, auch sind bestimmte Kräuter nicht jedermanns Geschmack. Hier können Sie Ihrer Küchen-Kreativität freien Lauf lassen.

Bei den Gradangaben für Öfen beziehe ich mich auf einen konventionellen Elektroherd. Besitzer von Umluftherden senken die Temperatur entsprechend ab, bei Gasherden die entsprechende Stufe einstellen.

Ganz schön saftig:
Powerdrinks mit Tomaten

Frischer Tomatensaft

Pro Glas:
8 mittelgroße Tomaten
eventuell Salz, Pfeffer oder Worcestersauce

1. Die Tomaten in einen elektrischen Entsafter geben, den Saft in einem Glas auffangen.
2. Nach Belieben mit Salz, Pfeffer oder Worcestersauce würzen.

Tipp: Selbst gemachter Tomatensaft ist viel dünnflüssiger als gekaufter und schmeckt meist weniger süß. Für die Herstellung von Saft sollten Sie keine Roma- oder andere Tomaten mit wenig Säure nehmen, der Saft schmeckt dann ähnlich fad wie die Früchte, die sich vor allem zum Einkochen eignen.

Haltbarer Tomatensaft

2 kg Tomaten
2 sterilisierte Weckgläser

1. Tomaten gründlich waschen, schadhafte Stellen großzügig wegschneiden. Früchte vierteln.
2. Einen hohen Topf aufsetzen, die Tomaten mit einem Kartoffelstampfer nach und nach musen, dabei stets leicht köcheln lassen.
3. Nachdem auch die letzten Tomaten im Topf gelandet sind, das Ganze weitere fünf Minuten köcheln lassen.
4. Das Tomatenmus durch ein feines Sieb streichen und den so gewonnen Saft nochmals aufkochen.
5. Sofort in Weckgläser füllen, dabei darauf achten, dass die Gläser nur bis zweieinhalb Zentimeter unter den Rand gefüllt werden.
6. Die verschlossenen Gläser im kochenden Wasserbad 35 Minuten sterilisieren.

Tipp: Die Gläser sollten im Dunkeln gelagert werden, bei starkem Lichteinfall könnte die Farbe verblassen. Nach dem Öffnen der Gläser den Saft möglichst schnell verbrauchen, Rest auf jeden Fall im Kühlschrank aufbewahren.

Artischocken-Tomaten-Longdrink

Pro Glas:

100 ml Artischockensaft
100 ml Tomatensaft
1 TL frischer Zitronensaft
Pfeffer

Zur Dekoration:

2 Basilikumblätter
1 Cocktailtomate

1. Die Säfte gut vermischen und in ein Longdrinkglas geben.
2. Mit Basilikumblättern und einer Cocktailtomate garnieren.

Avocado-Tomaten-Cocktail

Pro Glas:

1 Avocado
150 ml Tomatensaft
60 ml Zitronensaft
½ Chilischote (entkernt!)
1 Knoblauchzehe
frischer Pfeffer, Salz

Zum Garnieren:
Zitronen- oder Limettenspalten

1. Die Avocado vom Stein lösen und in kleine Würfel schneiden.
2. Mit den anderen Zutaten im Mixer cremig rühren.
3. Wenn die Zutaten gut gekühlt sind, gleich servieren, ansonsten für 30 Minuten in den Kühlschrank stellen.
4. Den Cocktail in ein Longdrinkglas füllen und mit Zitronen- oder Limettenspalten garnieren.

Tomaten-Cocktail

Für drei Gläser:

1 kleine Salatgurke
500 ml Tomatensaft
30 ml Rotweinessig
½ TL Salz
¼ TL Paprikapulver
1 TL Basilikum, gehackt
½ TL gemahlener Pfeffer
Eiswürfel

Zum Garnieren:
Zitronen- oder Limettenspalten

1. Gurke schälen und im Mixer pürieren.
2. Mit den anderen Zutaten in einen Krug füllen und gut umrühren.
3. Mit Eiswürfeln in Longdrinkgläser geben und mit Zitronen- oder Limettenspalten garnieren.

Muntermacher-Drink

Pro Glas:
6 Tomaten
3 Stangen Staudensellerie (Bleichsellerie)
1 rote Chilischote
eventuell eine Knoblauchzehe
Eiswürfel
Worcestersauce (nach Belieben)

1. Die Tomaten kreuzförmig einschneiden, mit kochendem Wasser überbrühen und etwa eine halbe Minute ziehen lassen. Tomaten herausnehmen und häuten.
2. Tomaten mit klein geschnittenem Staudensellerie, entkernter Chilischote und Knoblauch in einen elektrischen Entsafter geben.
3. Den Drink in ein Glas mit Eiswürfeln geben und mit Worcestersauce abschmecken.

Tipp: Den Saft kann man auch mit einem Schuss Wodka »sterilisieren« – wenn es ihn nicht gerade zum Frühstück gibt.

Gazpacho-Cocktail

Pro Glas:

180 ml Tomatensaft
30 ml Zitronensaft
2 gehackte Gurkenscheiben
1 Schalotte
1 Knoblauchzehe
1 Prise Oregano
nach Belieben Tabasco
frischer Pfeffer, Salz
zerkleinerte Eiswürfel

Zum Garnieren:

Gurken- und Avocadoscheiben

1. Alle Zutaten, auch die Eiswürfel, im Mixer rühren, bis das
   Getränk eine cremige Konsistenz hat.
2. In ein Longdrinkglas geben und mit Gurke und Avocado
   garnieren.

Cocktail »Jungfrau Maria«

Pro Drink:
120 ml Tomatensaft
30 ml Limettensaft
¼ TL weißer Meerrettich
3 Spritzer Tabasco
3 Spritzer Worcestersauce
Salz und Pfeffer
zerstoßenes Eis

Zum Garnieren:
Zitronen- oder Limettenspalten

1. Alle Zutaten im Shaker kräftig schütteln.
2. In Longdrinkgläser füllen und mit Zitronen- oder Limettenspalten garnieren.

Fruchtig oder cremig:
Hauptsache Suppe!

Schnelle Tomatensuppe

500 g Tomaten
1 Knoblauchzehe
1 kleine Zwiebel
1 EL Olivenöl
1 TL Oregano
1 – 2 TL gekörnte Gemüsebrühe
2 EL Basilikum
Pfeffer, Salz

Zum Garnieren:
2 EL Basilikum

1. Von den Tomaten den Strunk entfernen und zusammen mit dem geschälten Knoblauch und der Zwiebel pürieren.
2. Püree zusammen mit dem Olivenöl erhitzen, mit Oregano, Brühe, Salz und Pfeffer abschmecken und etwa vier Minuten köcheln lassen.
3. Mit Basilikum garnieren.

Tipp: Schnell verfeinert wird die Suppe mit Crème fraîche. Wer die Tomatenhaut nicht mag, schält die Tomaten vorher.

Cremige Tomatensuppe

500 g Tomaten
1 Stange Lauch
100 g Karotten
50 g Butter
1 EL Olivenöl
2 Schalotten
1 TL Tomatenmark
750 ml Gemüsebrühe
4 EL Crème fraîche
Salz, Pfeffer
etwas gehacktes Basilikum

1. Die Tomaten in kleine Stücke schneiden.
2. Lauch putzen, in feine Ringe schneiden, die Karotten schälen und grob raspeln.
3. Butter in einem Topf zerlassen, Olivenöl zufügen.
4. Gehackte Schalotten, Tomaten, Karotten und Lauch gut zehn Minuten darin andünsten.
5. Tomatenmark und Brühe zugeben und 30 Minuten leicht köcheln lassen.
6. Suppe durch ein feines Sieb streichen, Crème fraîche unterrühren und mit Salz und Pfeffer abschmecken.
7. Auf Teller füllen und mit Basilikum bestreuen.

Tomatensuppe mit Basilikumsahne

1 kleine Gemüsezwiebel
2 Knoblauchzehen
2 EL Olivenöl
1 rote Paprikaschote
500 g Tomaten
Salz, Pfeffer
1 Msp Chilipulver
750 ml Gemüsebrühe
1 Bund Basilikum
½ Becher Sahne

Für die Croûtons:
3 Scheiben Brot
3 EL Butter

1. Zwiebel und Knoblauch fein hacken. Beides mit dem Olivenöl leicht andünsten.
2. Paprikaschote in kleine Würfel schneiden und mitdünsten.
3. Tomaten überbrühen, häuten und entkernen, klein schneiden, dann in den Topf geben und mit Salz, Pfeffer und Chilipulver würzen. Gemüsebrühe aufgießen und etwa 30 Minuten köcheln lassen.
4. Basilikum fein hacken. Sahne steif schlagen und Basilikum unterheben.
5. Suppe mit dem Pürierstab pürieren und durch ein Sieb streichen.
6. In Suppentassen füllen und mit jeweils einem Löffel der Basilikumsahne »garnieren«.
7. Brot in Würfel schneiden und in der Butter goldbraun braten. Die Croûtons getrennt zu der Suppe reichen.

Gazpacho

150 ml Tomatensaft
1 grüne Paprikaschote
2 Knoblauchzehen, gepresst
2 Scheiben Vollkorntoast ohne Rinde
4 EL Olivenöl
2 EL Rotweinessig
1 kg Tomaten
1 Msp Vollrohrzucker
1 Prise Kreuzkümmel
Salz, Pfeffer

Zum Garnieren:
2 – 3 Scheiben Vollkorntoast
2 EL Olivenöl
1 kleine Salatgurke
1 kleine Zwiebel
1 grüne Paprikaschote
2 hart gekochte Eier

1. Tomaten häuten und entkernen, das Fruchtfleisch in kleine
   Stücke schneiden. Paprika ebenfalls entkernen und in
   Stücke schneiden.
2. Tomaten, Paprika, Knoblauch, Brot, Olivenöl und Essig im
   Mixer pürieren. Tomatensaft, Vollrohrzucker und Gewürze
   zufügen und nochmals pürieren.
3. Gazpacho für zwei Stunden oder länger in den Kühlschrank
   stellen.
4. Zum Garnieren Toastbrot würfeln und in dem Olivenöl
   goldbraun rösten, die anderen Zutaten fein würfeln und
   getrennt in kleinen Schälchen füllen.
5. Suppe servieren. Bei Tisch kann sich jeder sein Gazpacho
   selbst garnieren.

Tomatensuppe mit Mozzarella

1 kg Tomaten
1 kleine Zwiebel
1 Knoblauchzehe
½ – 1 grüne Chilischote
3 EL Olivenöl
500 ml Gemüsebrühe
Salz und Pfeffer
Oregano, Petersilie
1 Kugel (125 g) Mozzarella

1. Die Tomaten häuten und in kleine Würfel schneiden.
2. Zwiebel und Knoblauch fein hacken, Chilischote entkernen (Handschuhe anziehen!) und ebenfalls klein schneiden.
3. Olivenöl erhitzen und Zwiebel, Knoblauch und Chili andünsten.
4. Tomaten und Gemüsebrühe zugeben und so lange köcheln, bis die Tomaten weich sind. Die Suppe pürieren.
5. Drei Minuten weiterköcheln lassen, mit Salz, Pfeffer und Kräutern abschmecken.
6. Den Mozzarella in kleine Würfel schneiden und einzeln (damit sie nicht zusammenklumpen) in die Suppe geben. Kurz ziehen lassen und servieren.

Tipp: Wer mag, kann die Suppe darüber hinaus mit Croûtons anreichern.

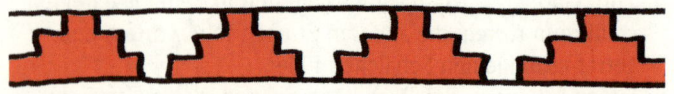

Tomatisierte Kartoffelcreme-Suppe

500 g Kartoffeln
30 g Butter
2 gehackte Schalotten
½ fein gehackte Knoblauchzehe
500 ml Gemüsebrühe
150 g saure Sahne
3 EL Tomatenmark
Salz, Pfeffer
Basilikumblätter als Dekoration

1. Kartoffeln schälen und in kleine Würfel schneiden.
2. Butter erhitzen, Schalotten und Knoblauch darin glasig dünsten.
3. Kartoffeln dazugeben, kurz mitbraten und schließlich mit der Gemüsebrühe auffüllen. Das Ganze 15 Minuten leicht köcheln lassen.
4. Die Suppe pürieren, danach die saure Sahne unterrühren und mit dem Tomatenmark »tomatisieren«. Alles noch einmal leicht erhitzen und mit Salz und Pfeffer abschmecken.
5. Vor dem Servieren auf jeden Suppenteller zwei, drei Blättchen Basilikum geben.

Tipp: Hübsch zweifarbig wird die Suppe, wenn Sie einen Esslöffel Tomatenmark und einen Löffel saure Sahne aufbewahren, beides miteinander verrühren und auf jeden Teller Suppe einen kleinen Klacks geben. Diesen dann mit einem Holzstäbchen durch die Suppe ziehen und hübsche Muster kreieren.

Zucchini-Tomaten-Suppe

1 Zwiebel
1 Knoblauchzehe
1 EL Olivenöl
250 ml Gemüsebrühe
300 g Zucchini
1 TL Thymian
200 g Tomaten
3 EL Crème fraîche
½ Bund Basilikum
Salz, Pfeffer, Currypulver, Cayennepfeffer

1. Zwiebel und Knoblauch würfeln. Beides in Öl andünsten, dann mit der Brühe auffüllen.
2. Die Zucchini mit einer Reibe fein raspeln, mit dem Thymian zur Brühe geben und etwa fünf Minuten kochen.
3. In der Zwischenzeit die Tomaten entkernen, das Tomateninnere zur Suppe geben. Das feste Fruchtfleisch in kleine Würfel schneiden, es kommt erst später in die Suppe.
4. Die Suppe mit dem Pürierstab pürieren, dann die Crème fraîche unterrühren.
5. Das fein geschnittene Basilikum in die Suppe rühren und mit Salz, Pfeffer, Currypulver und Cayenne abschmecken.
6. Suppe in tiefe Teller füllen und jeweils einen Löffel Tomatenwürfel in die Mitte geben.

Tipp: Wer es rustikaler mag, kann auch auf das Pürieren verzichten.

Dicke Tomatensuppe aus der Toskana

2 Knoblauchzehen
1 Stange Lauch
1 rote Paprika
1 kg Tomaten
100 ml Olivenöl
1 EL Tomatenmark
500 ml Gemüsebrühe
1 Bund Basilikum
Pfeffer, Salz
300 g altbackenes Vollkornbaguette

1. Knoblauch, Lauch und Paprika fein würfeln, Tomaten häuten und in grobe Stücke schneiden.
2. Zunächst Knoblauch, Lauch und Paprika in dem Olivenöl andünsten, dann Tomatenmark und Tomaten zugeben und 20 Minuten bei mittlerer Hitze schmoren lassen.
3. Brühe zugeben und fünf Minuten weiterköcheln lassen, mit Salz und Pfeffer abschmecken.
4. Die Hälfte des Basilikums zugeben.
5. Das altbackene Brot in Stücke schneiden und zur Suppe geben, etwa eine Viertelstunde stehen lassen, bis das Brot gut durchgeweicht ist. Die Suppe mit einem Schneebesen aufschlagen, bis sich das Brot aufgelöst hat.
6. Suppe nochmals kurz erhitzen, dann mit Basilikum bestreuen.

Tipp: Diese Suppe eignet sich prima, wenn man viel altbackenes Baguette hat.

Mehr als ein Farbtupfer:
Tomaten im Salat

Insalata Caprese –
Tomate-Mozzarella klassisch

400 g Tomaten
2 Kugeln Mozzarella (à 125 g)
Salz, Pfeffer
Olivenöl, Balsamico-Essig
eine Hand voll Basilikumblätter

1. Die Tomaten vom Stielansatz befreien und in Scheiben schneiden.
2. Mozzarella aus der Lake nehmen und ebenfalls in Scheiben schneiden
3. Tomatenscheiben und Mozzarella abwechseln dachziegelartig auf einem Teller anrichten, leicht salzen und pfeffern.
4. Nach Belieben Öl und Essig auf die Scheiben träufeln und mit Basilikumblättern garnieren.

Tipp: Der Klassiker schlechthin! Wem das zu langweilige ist, kann das Grundrezept variieren und z. B. das Basilikum mit dem Öl pürieren und den Essig weglassen.
Sehr dekorativ ist dieser Salat für Partys, wenn der Mozzarella in kleine Würfel geschnitten wird und bei den Tomaten zu Kirschtomaten (oder auch kleinen »gelben Birnchen«) gegriffen wird. Den Mozzarella und die Tomaten werden dann auf kleine Holzspieße gesteckt und in gehacktem Basilikum gewendet. »Caprese« heißt der Salat übrigens, weil er auf der italienischen Insel Capri beheimatet ist.

Bunter Tomatensalat mit Rucola

250 g gemischte Kirschtomaten
 (rote, gelbe, orange: z. B. auch Gelbes Birnchen)
125 g Rucola
125 g Mozzarella (1 Kugel)
3 EL Balsamico-Essig
1 TL Senf
4 TL Olivenöl
1 TL Ahornsirup oder Honig
Salz, Pfeffer
3 EL geröstete Pinienkerne (ersatzweise geröstete
 Sonnenblumen- oder Kürbiskerne)

1. Kirschtomaten halbieren.
2. Rucola waschen und auseinander pflücken.
3. Mozzarella in kleine Würfel schneiden, mit Rucola und Tomaten in einer Schüssel vermengen.
4. Aus Essig, Senf, Olivenöl und Ahornsirup (Honig) eine Vinaigrette bereiten, mit Salz und Pfeffer abschmecken.
5. Vinaigrette über den Salat geben, mit Pinienkernen bestreuen.

Roter Reissalat

300 g roter Reis (aus der Carmargue)
10 Kirschtomaten
½ Salatgurke
1 rote Paprika
4 Frühlingszwiebeln
6 EL Olivenöl
2 TL Pesto aus getrockneten Tomaten (siehe Seite 95)
1 TL Senf
Salz, Pfeffer
2 EL Petersilie (fein gehackt)
3 Blättchen Minze
2 Zweige Basilikum

1. Den Reis mit 600 ml Wasser etwa 20 Minuten kochen.
2. In der Zwischenzeit die Kirschtomaten halbieren, Gurke und Paprika in kleine Würfel und die Frühlingszwiebeln in feine Ringe schneiden.
3. Aus Olivenöl, Senf und Pesto eine Sauce herstellen, mit Salz und Pfeffer abschmecken.
4. Alle Zutaten (bis auf das Basilikum) vermengen, und etwa 45 Minuten durchziehen lassen. Mit Basilikum garnieren.

Topinambur auf Rucola und Tomaten

300 g Topinambur
4 EL kaltgepresstes Olivenöl
2 Knoblauchzehen
4 EL Walnusskerne
1 Bund Basilikum
Saft von 1 – 2 Zitronen
Salz, Pfeffer
150 g Rucola
200 g gemischte Kirschtomaten (gelbe, rote und reife grüne)

1. Topinambur schälen, in feine Scheiben schneiden und in zwei Esslöffeln Olivenöl braten, bis sie sich goldgelb färben. Durchgepressten Knoblauch zufügen.
2. Walnüsse mit dem Basilikum, restlichem Öl und dem Zitronensaft im Mixer zu einer Paste verarbeiten, mit Salz und Pfeffer abschmecken.
3. Gewaschene Rucola auf Tellern anrichten, Tomaten halbieren und ebenfalls auf den Tellern verteilen.
4. Die noch warmen Topinamburscheiben auf die Teller geben und die Walnusspaste darüber träufeln.

Tabouleh –
Arabischer Petersilien-Tomaten-Salat

1 Tasse fein geschroteten Bulgur
1 Bund Frühlingszwiebeln
200 g Tomaten
3 Bund Petersilie (nach Möglichkeit glatte)
1 Hand voll Minzeblätter
4 – 6 EL Olivenöl
4 – 6 EL Zitronensaft
ein Prise Zimt
Salz und Pfeffer

1. Bulgur etwa 15 Minuten in kaltem Wasser einweichen, danach in einem Sieb abtropfen lassen.
2. Frühlingszwiebel in feine Ringe schneiden, Tomaten würfeln.
3. Petersilie und Minze waschen und klein hacken.
4. Alle Zutaten mit Öl und Zitronensaft locker vermengen. Mit den Gewürzen abschmecken.

Tipp: Zur Dekoration eignen sich besonders Tomatenwürfel und Zitronenscheiben.

Tomatensalat mit Schafskäse

4 große Tomaten
1 Frühlingszwiebel
1 Knoblauchzehe
50 g schwarze Oliven (ohne Stein)
½ Bund Petersilie
2 EL Kapern
150 g milder Schafskäse
2 EL Balsamico-Essig
5 EL Olivenöl
2 EL geröstete Kürbiskerne

1. Tomaten in Scheiben schneiden und auf einem Teller anrichten.
2. Frühlingszwiebel in feine Ringe schneiden, Knoblauch durchpressen, Oliven in feine Ringe schneiden. Petersilie hacken und zusammen mit den Kapern zu den Zwiebeln und den Oliven geben. Alles vermischen und über den Tomaten verteilen.
3. Schafskäse in kleine Würfel schneiden und über den Salat streuen. Mit Essig und Öl beträufeln und mit den Kürbiskernen bestreuen.

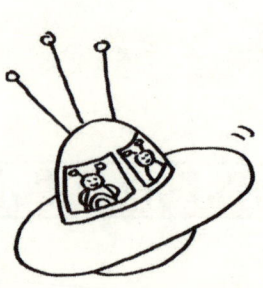

Mexikanischer Tomatensalat

600 g fleischige Tomaten
1 grüne Chilischote
1 Limette
3 EL Olivenöl
Salz, Pfeffer
1 Knoblauchzehe
1 Bund Petersilie oder Korianderblätter

1. Den Stielansatz der Tomaten entfernen und die Früchte in kleine Würfel schneiden.
2. Die Chilischote längs aufschneiden und die Kerne entfernen, danach in feine Ringe schneiden (am besten Küchenhandschuhe tragen und jeglichen Kontakt der Finger mit den Augen vermeiden! Das Capsin brennt höllisch!)
3. Limette auspressen, den Saft mit dem Olivenöl, Salz und Pfeffer verrühren, die Knoblauchzehe in die Vinaigrette pressen.
4. Petersilie oder Koriander fein hacken und zusammen mit den restlichen Zutaten vermischen.

Tipp: Ganz Wagemutige können den Salat natürlich noch durch eine weitere Chilischote extra verschärfen. Dazu schmeckt Brot.

Scharf und würzig:
Saucen, Chutneys und heiße Dips

Einfache Tomatensauce

750 g Tomaten
2 Knoblauchzehen
1 kleine Zwiebel
2 EL Butter
2 EL Olivenöl
Pfeffer, Salz

1. Tomaten vom Stielansatz befreien und in kleine Stücke schneiden.
2. Knoblauch und Zwiebel fein hacken und in Butter und Öl glasig dünsten.
3. Tomaten zugeben und 30 Minuten zu einer dicken Sauce einkochen lassen.
4. Mit Pfeffer und Salz abschmecken.

Tipp: Wen die Tomatenkerne und die Haut stören, kann die Sauce auch pürieren und durch ein Sieb streichen.
Die Sauce eignet sich auch zum Einfrieren!

Variation: Probieren Sie Tomatensauce mit Kapern und Oliven!

Scharfe Tomatensauce

750 g Tomaten
2 Knoblauchzehen
1 Zwiebel
2 EL Butter
2 EL Olivenöl
2 frische rote Chilischoten
Pfeffer, Salz
1 Msp Paprikapulver

1. Tomaten vom Stielansatz befreien und in kleine Stücke schneiden.
2. Knoblauch und Zwiebel fein hacken und in Butter und Öl glasig dünsten.
3. Die Chilischoten (am besten mit Handschuhen!) entkernen und sehr fein schneiden, zu dem Knoblauch und den Zwiebeln geben.
4. Tomaten zugeben und 30 Minuten zu einer dicken Sauce einkochen lassen.
5. Mit Pfeffer, Salz und ein wenig Paprikapulver abschmecken.

Tomatensauce auf Vorrat

2 kg Eier- oder Flaschentomaten
(je nach Topfgröße auch mehr)

1. Tomaten in kleine Stücke schneiden und in einen großen Topf geben. Den Topf mit Wasser auffüllen, so dass die Tomaten drei Zentimeter mit Wasser bedeckt sind.
2. Die Tomaten zum Kochen bringen, dabei gelegentlich umrühren. Sobald die Masse zu schäumen anfängt, sind die Tomaten gar.
3. Durch ein grobes Sieb streichen und abkühlen lassen.
4. Penibel saubere Einmachgläser (oder -flaschen) bis zum Rand mit den passierten Tomaten füllen und verschließen.
5. Die Gläser in einen großen Einmachtopf stellen und mit Wasser auffüllen. 40 Minuten kochen lassen (sterilisieren).
6. Den Topf vom Herd nehmen und die Gläser in dem Topf abkühlen lassen.

Variation: Auch gelbe Tomaten eignen sich dafür hervorragend und eine gelbe Tomatensauce ist auf jeden Fall ein echter Hingucker!

Tipp: Die passierten Tomaten eignen sich natürlich auch für Suppen. So sterilisiert halten sich Tomaten gut ein Jahr.

Tomatensauce (kalt zubereitet)

1 kg Fleischtomaten
1 Knoblauchzehe
Salz, Pfeffer
Kräuter nach Belieben

1. Die Fleischtomaten überbrühen, häuten und entkernen.
2. Knoblauchzehe schälen und mit den Tomaten im Mixer pürieren.
3. Mit Salz und Pfeffer abschmecken, Kräuter nach Belieben zufügen.

Tipp: Die Sauce schmeckt gut zu Nudeln, wer sich einen kleinen Vorrat anlegt, kann damit auch Pizzen bestreichen.

Tomatensugo

1 kg Fleischtomaten
1 Knoblauchzehe
5 EL Olivenöl
Salz, Pfeffer

1. Die Tomaten häuten und entkernen, das Fruchtfleisch in kleine Stücke schneiden. Knoblauch fein würfeln.
2. Öl in einem Topf erhitzen, Knoblauch darin glasig dünsten. Tomaten dazugeben und alles bei gelegentlichem Umrühren 30 Minuten köcheln lassen. Mit Salz und Pfeffer abschmecken.

Tipp: Wenn die Tomaten so richtig frisch und sonnengereift sind, kommt dieses Sugo ganz ohne aromatische Kräuter aus.

Variation: Probieren Sie doch einfach einmal ein gelbes Tomatensugo (z. B. mit der Sorte »Goldene Königin«).

Sauce aus Grilltomaten

1 kg Tomaten
50 g Butter
2 EL gehackte Petersilie oder Basilikum
Salz, Pfeffer

1. Die Tomaten nebeneinander in eine leicht geölte Auflaufform geben, bei 200 °C in den Ofen stellen und etwa
   30 Minuten rösten, bis die Haut schwarz wird.
2. Tomaten abkühlen lassen und die Haut abziehen.
3. Früchte pürieren und in einen Topf geben und erhitzen.
   Butter zugeben und rühren, bis die Butter geschmolzen ist.
4. Kräuter kurz unterrühren, Sauce salzen und pfeffern und
   sofort servieren.

Tipp: Durch das Rösten bekommen die Tomaten ein ganz
besonderes Aroma, das dieser Sauce ihre Würze verleiht.

Sauce aus getrockneten Tomaten

250 g in Öl eingelegte, getrocknete Tomaten
2 EL Olivenöl
3 EL geröstete Pinienkerne
2 TL Kapern
1 Bund Basilikum (oder gemischte italienische Kräuter)
Salz, Pfeffer

1. Die Tomaten aus dem Öl nehmen, leicht abtropfen lassen und in kleine Stücke schneiden.
2. Öl erhitzen, Pinienkerne und gehackte Kapern mit den Tomatenstücken leicht dünsten.
3. Basilikum in feine Streifen schneiden und unter die Sauce mischen.
4. Sofort servieren, nach Belieben mit Salz und Pfeffer würzen.

Tipp: Schmeckt lecker zu Tagliatelle und anderen Nudeln. Köstlich auch zu frischem Brot oder Ofenkartoffeln.

Tomatenvinaigrette

2 Tomaten
1½ EL Weißweinessig
4 Stängel Brunnenkresse
2 TL Senf
5 EL Olivenöl
Salz, Pfeffer
1 Stängel Brunnenkresse zum Garnieren

1. Die Tomaten würfeln. In ein hohes Gefäß geben und mit dem Essig, der Brunnenkresse und dem Senf pürieren.
2. Während des Pürierens das Öl tropfenweise zur Vinaigrette geben. Mit Salz und Pfeffer abschmecken.
3. Zum Servieren mit der Brunnenkresse garnieren.

Sambal aus Tomaten

10 kleine rote Chilischoten
1 Knoblauchzehe
1 kleine Zwiebel
3 Tomaten
3 EL Pflanzenöl
1 TL Vollrohrzucker
Prise Salz

1. Die Chilischoten entkernen und mit dem Knoblauch in einem Mörser zu einer Paste verrühren.
2. Die Zwiebel und Tomaten fein würfeln.
3. Öl erhitzen und die Chili-Knoblauch-Paste darin etwa zehn Minuten erhitzen.
4. Tomaten, Zwiebeln, Zucker und Salz zugeben. So lange einkochen, bis das Sambal etwas eindickt.

Tipp: In Indonesien isst man Sambal als Würze zu Suppen, Reis oder auch Schmorgerichten aus Gemüse.

Variation: Gelbe Tomaten variieren den Farbton und sind »mal was anderes«. Wer es nicht ganz so scharf mag, nimmt einfach die Hälfte an Chilischoten – das kann auch noch ganz schön brennen ...

Feiner Tomatendip

6 Tomaten
250 g Sahnequark
1 Prise Vollrohrzucker
Salz, Pfeffer
1 EL fein gehacktes Basilikum

1. Tomaten häuten und in Stücke schneiden.
2. Zusammen mit dem Sahnequark im Mixer pürieren.
3. Mit Salz, Pfeffer und Vollrohrzucker abschmecken.
4. Basilikum unterrühren.

Tipp: Schmeckt köstlich als Dip für knackiges Gemüse, Pell- oder Ofenkartoffeln. Wer es gern etwas schärfer mag, kann ein wenig Cayennepfeffer dazugeben.

Pesto aus getrockneten Tomaten

2 EL Pinienkerne
2 kleine rote Chilischoten
2 Knoblauchzehen
50 g Pecorino oder Parmesan
200 g getrocknete Tomaten in Öl
etwa 100 ml Olivenöl
4 Zweige Thymian
eventuell etwas Meersalz

1. Pinienkerne kurz in einer ungefetteten Pfanne goldbraun rösten.
2. Die Chilischoten entkernen (Handschuhe anziehen!), Knoblauch schälen, Käse grob raspeln.
3. Alle Zutaten bis auf das Olivenöl und den Thymian im Mixer nicht zu fein pürieren.
4. Öl und Thymian hinzufügen und rühren, bis eine dickliche Paste entsteht. Bei Bedarf salzen (Vorsicht: Die getrockneten Tomaten sind meist schon sehr salzig!).
5. Pesto in ein Schraubglas füllen und mit Öl bedecken, da es sonst schnell verdirbt.

Tipp: Das Pesto hält sich im Kühlschrank gut einen Monat. Immer darauf achten, dass die Paste gut von Öl bedeckt ist. Schmeckt zu Nudeln, als zusätzliche Würze, als Brotaufstrich oder auch als Sandwichpaste.

Tomatenpesto mit Paprika

1 rote Paprikaschote
100 g getrocknete Tomaten
2 Knoblauchzehen
1 Bund Basilikum
1 EL geröstete Pinienkerne
50 g Parmesan, frisch gerieben
150 ml Olivenöl
Salz, Pfeffer

1. Paprika entkernen, halbieren und mit der Haut nach oben im Ofen bei 250 °C so lange rösten, bis die Haut Blasen wirft, ein wenig abkühlen lassen und häuten.
2. Paprika zusammen mit den getrockneten Tomaten, Basilikum, Knoblauch, Pinienkernen, Parmesan und Olivenöl im Mixer pürieren. Mit Salz und Pfeffer abschmecken. Vorsicht mit Salz: Käse und getrocknete Tomaten sind von Haus aus schon sehr salzig, also vorsichtig dosieren oder eventuell weglassen.

Tipp: Tomatenpesto lässt sich gut vorbereiten und schmeckt gut zu Nudeln und gegrilltem Gemüse. In einem Glas verschlossen und mit Olivenöl bedeckt, hält sich das Pesto ein paar Wochen im Kühlschrank.

Harissa mit getrockneten Tomaten

50 g getrocknete rote Chilischoten
25 g getrocknete Tomaten
2 Knoblauchzehen
1½ TL gemahlenen Kreuzkümmel (Cumin)
2 TL Koriandersamen
1 TL Kümmel
1 TL getrocknete Minze
4 EL Olivenöl

1. Chilis entkernen (Handschuhe anziehen!) und auseinander zupfen. Tomaten in kleine Stücke schneiden und beide Zutaten mit kochendem Wasser überbrühen und eine halbe Stunde lang stehen lassen, Chilis und Tomaten dann abtropfen lassen.
2. Knoblauch klein schneiden und mit den anderen Zutaten bis auf das Öl in einem Mörser zu einer feinen Paste zermahlen. Wem das zu mühsam ist, kann natürlich auch zum Elektromixer greifen.
3. Einen Esslöffel Olivenöl unter die Paste rühren, mit dem restlichen Öl die Harissa ganz bedecken. Im Kühlschrank aufbewahren.

Tipp: Diese feurige Würzpaste ist in ihrer ursprünglichen Form (ohne Tomaten) in Tunesien die Sauce schlechthin. Sie würzt Reisgerichte, Couscous und vieles mehr. Die Paste ist zudem so scharf, dass sie die Durchblutung anregt und desinfiziert. Schmeckt auch zu Gegrilltem oder zu Ofenkartoffeln.

Tomaten-Aioli

50 g getrocknete Tomaten in Öl (abgetropft)
2 Eigelb
2 Knoblauchzehen
150 ml Olivenöl
eventuell etwas Zitronensaft
Salz

1. Alle Zutaten bis auf das Öl und den Zitronensaft im Mixer pürieren.
2. Wenn die Tomatenpaste fein genug ist, den Mixer weiterlaufen lassen und das Olivenöl tropfenweise bzw. in einem dünnen Strahl zugießen, allerdings nie zu viel auf einmal, weil das Aioli sonst leicht gerinnt.
3. Wenn diese Mayonnaise dick und glänzend ist, mit Zitronensaft abschmecken.

Tipp: Schmeckt zu Rohkostsalaten und als Dip, zu Reisgerichten, zum Fondue oder auch als Sandwichcreme.

Tomatenbutter

1 Tomate
40 g Tomatenmark
125 g weiche Butter
Kräutersalz
1 Knoblauchzehe

1. Die Tomate häuten und entkernen, das Fruchtfleisch klein schneiden, die Haut in sehr kleine Stückchen schneiden.
2. Butter, Tomatenmark, Tomatenfruchtfleisch, Knoblauchzehe und Kräutersalz mit dem Pürierstab oder einer Gabel zu einer homogenen Masse vermischen.
3. Die klein geschnittene Tomatenhaut dazugeben. Das verleiht der Tomatenbutter ein interessantes Aussehen.

Mexikanische Salsa

Für etwa 500 ml Salsa:

200 g Zwiebeln
3 Knoblauchzehen
5 grüne Peperoni
400 g eingemachte Tomaten mit Saft
6 EL klein gehackte Petersilie
2 EL klein gehacktes Koriandergrün
Salz, Pfeffer

1. Zwiebeln, Knoblauch und Peperoni fein hacken. Zusammen mit den Tomaten und dem Saft aufkochen, dabei ständig rühren.
2. Petersilie und Koriandergrün unterziehen. Mit Salz und Pfeffer abschmecken.
3. Die Sauce in vorher heiß ausgespülte Gläser geben und sofort verschließen. Vor dem ersten Verzehr mindestens einen Tag durchziehen lassen. Kühl aufbewahren.

Tipp: Die Salsa ist ein Universalgenie: Sie passt als Dip zu Chips und Gemüse, zu Reisgerichten, mexikanischen Tortillas und verschafft Sandwiches den pikanten Kick.

Fenchel-Tomaten-Sugo

1 EL Olivenöl
1 TL Butter
1 Zwiebel
2 Knoblauchzehen
2 kleine Fenchelknollen
Salz
300 g eingemachte Tomaten
  (oder ersatzweise eine kleine Dose Tomaten)
½ TL getrockneter Oregano
Salz, Pfeffer

1. Olivenöl und Butter erhitzen, fein gewürfelte Zwiebel und durchgepressten Knoblauch dazugeben und andünsten.
2. Fenchel in nicht zu dicke Streifen schneiden und zu der Zwiebel und dem Knoblauch geben. Leicht salzen und 15 Minuten bei schwacher Hitze dünsten.
3. Tomaten inklusive Saft dazugeben, mit Oregano würzen.
4. Alles zusammen so lange köcheln, bis das Sugo dicklich eingekocht ist. Mit Salz und Pfeffer abschmecken.

Tipp: Schmeckt zu allen erdenklichen Nudelformen!
Den letzten Pfiff bekommt auch diese Sauce durch etwas geriebenen Parmesan.

Basilikumbutter mit Tomatenmark

125 g weiche Butter
1 – 2 EL Tomatenmark
1 Schalotte
1 EL Zitronensaft
Kräutersalz, Pfeffer
½ Tasse fein gehacktes Basilikum

1. Weiche Butter, Tomatenmark, fein gewürfelte Schalotte, Zitronensaft, Kräutersalz und Pfeffer mit dem Pürierstab oder einer Gabel zu einer homogenen Masse vermischen.
2. Zum Schluss das Basilikum untermischen und Butter im Kühlschrank wieder erhärten lassen.

Tipp: Vor dem Servieren mindestens eine halbe Stunde durchziehen lassen. Schmeckt auf geröstetem Baguette und zu Gegrilltem.

Barbecue-Sauce

500 g Tomaten
2 EL Öl
1 Zwiebel
2 Knoblauchzehen
2 EL Worcestersauce
1 EL Weinessig
3 EL Honig
1 TL Senfpulver
½ TL Cayennepfeffer
Salz, Pfeffer

1. Tomaten häuten und entkernen, das Fruchtfleisch in kleine Stücke schneiden.
2. Öl in einem Topf erhitzen, die gehackte Zwiebeln mit dem gepressten Knoblauch leicht bräunen.
3. Die restlichen Zutaten einrühren und die Sauce 15 bis 20 Minuten ohne Deckel köcheln lassen, bis sie leicht eingedickt ist.
4. Mit einem Pürierstab pürieren, eventuell danach durch ein Sieb streichen.
5. Barbecue-Sauce abschmecken und bei Bedarf nachwürzen.

Tipp: Diese Sauce eignet sich sowohl zum Einpinseln vor dem Grillen als auch als leckerer Dip.

Kürbis-Tomaten-Chutney

Für etwa 3 Weckgläser à 500 ml:

400 g Kürbisfleisch
300 g Tomaten
Salz
200 g Vollrohrzucker
2 Zwiebeln
2 Knoblauchzehen
1 TL Senfpulver
1 TL grob gemahlener Pfeffer
1 Zimtstange
250 ml Weißweinessig

1. Kürbis und Tomaten in mittelgroße Stücke schneiden, leicht salzen und in einem Sieb leicht abtropfen lassen.
2. Gemüse zusammen mit den übrigen Zutaten in einem Topf zum Kochen bringen und 30 Minuten bei schwacher Hitze köcheln lassen. Dabei häufig umrühren, damit das Chutney nicht anbrennt oder zu dick wird.
3. In Gläser füllen und sofort verschließen.

Tipp: Das Chutney sollte im Topf nicht zu dick werden, da es beim Erkalten noch fester wird.

Apfel-Tomaten-Chutney

Für etwa 8 Weckgläser à 500 ml:

500 g Zwiebeln
1 kg Tomaten
500 g säuerliche Äpfel (z. B. Boskop)
½ l Weißweinessig
250 g Vollrohrzucker
2 EL Senfkörner
½ TL Chilipulver
200 g Rosinen
etwa 2 cm frische Ingwerwurzel
Salz

1. Zwiebeln in grobe Stücke schneiden, Tomaten häuten, Äpfel vierteln und in einen großen Topf geben.
2. Essig mit Vollrohrzucker, Senfkörnern, Chilipulver, Rosinen und geriebenem Ingwer dazugeben. Leicht salzen.
3. Bei mittlerer Hitze langsam einkochen, das Chutney sollte dicklich werden und bei der Probe auf einem Teller nicht zu sehr auseinander laufen.
4. Das Chutney in sterilisierte Weckgläser geben und sofort verschließen.

Tipp: Das Chutney hält sich in verschlossenen Gläsern rund sechs Monate, geöffnete Gläser im Kühlschrank zwei Wochen. Passt zu Gegrilltem, als Dip für Rohkost und zu indischen Reisgerichten.

Grünes Tomatenchutney

Für etwa 3 Weckgläser à 500 ml:

1 kg grüne Tomaten
3 Knoblauchzehen, fein gehackt
600 ml Apfelessig
2 frische rote Chilischoten, entkernt und klein geschnitten
etwa 50 g frische Ingwerwurzel, fein gerieben
2 EL Honig
1 TL Salz

1. Die Tomaten grob zerkleinern und mit den anderen Zutaten in einem großen Topf erhitzen, aufkochen und unter ständigem Rühren einkochen, bis das Chutney leicht eindickt.
2. In sterile Weckgläser füllen und sofort verschließen.

Tipp: Wie immer bei grünen Tomaten: Wegen des in hoher Konzentration giftigen Solanins nie ganze Gläser auslöffeln. Dieses Rezept funktioniert auch mit reifen Tomaten, allerdings benötigt man dann nur die Hälfte des Apfelessigs.

Tomatenraita

200 g Tomaten
1 rote Zwiebel
500 ml Joghurt
½ TL gemahlenen Kreuzkümmel (Cumin)
2 Messerspitzen Chilipulver
Salz
1 EL Korianderblätter (ersatzweise Petersilie)

1. Tomaten in kleine Würfel schneiden, Zwiebel fein hacken.
2. Alle Zutaten bis auf die Korianderblätter in einer Schüssel gründlich mischen, abgedeckt kalt stellen. Mit Salz abschmecken.
3. Vor dem Servieren mit dem gehackten Koriandergrün bestreuen.

Tipp: In Indien begleiten Raitas viele Speisen, vor allem auch Reisgerichte. Schmeckt aber auch prima als Dip zu rohem Gemüse oder Ofenkartoffeln.

Kreolisches Rougail aus Tomaten

15 – 20 (!) kleine grüne Chilischoten
Salz
4 Tomaten
1 kleine Zwiebel

1. Die Chilischoten entkernen (Handschuhe anziehen!) und mit dem Salz und den klein geschnittenen Tomaten in einem Mörser zu einer Paste verreiben.
2. Die Zwiebel fein würfeln und mit der Paste verrühren.

Tipp: Dieses Rougail (Chutney) wird sehr moderat dosiert und passt zu vielen Reis- und Gemüsegerichten, besonders zu asiatischen Currys. Häufig werden diesem Rougail entweder reichlich Petersilie oder Ingwer zugefügt. Raffiniert wird es mit zwei Zweigen Minze.

Variation: Gelbe Tomaten verändern den Farbton und sind »mal was anderes«.

Nicht nur Begleiter:
Snacks, Beilagen und mehr ...

Baguette mit Tomaten und Zucchini

4 Tomaten
1 kleine Zucchini
200 g Gruyère
1 Vollkornbaguette
Butter
1 kleine Zwiebel
3 EL gehackte Petersilie
1 EL Balsamico-Essig
Salz, Pfeffer

1. Tomaten, Zucchini und Käse in nicht zu dicke Scheiben schneiden.
2. Baguette der Länge nach aufschneiden und mit Butter bestreichen.
3. Dachziegelartig mit Tomaten, Zucchini und Käse belegen.
4. Bei 200 °C etwa sieben Minuten im vorgeheizten Backofen überbacken.
5. In der Zwischenzeit die gehackte Zwiebel, Petersilie und Balsamico-Essig vermischen, leicht salzen und pfeffern. Diese Mischung über das heiße Baguette geben.

Tipp: Statt Gruyère gehen auch andere Käsesorten: Raclette, Bergkäse, Emmentaler oder auch Camembert.

Omelette mit Tomaten

Pro Portion:
1 Tomate
2 Eier
2 EL Milch
Pfeffer, Salz
2 EL Olivenöl

1. Tomaten in Scheiben schneiden und die Kerne heraus drücken.
2. Eier mit Milch verquirlen, pfeffern und salzen.
3. Tomatenscheiben in Öl anbraten.
4. Eiermasse über die Tomaten geben und stocken lassen.
5. Vorsichtig eine Hälfte auf die andere umschlagen und weiterbraten, das Omelette dabei einmal wenden. Aber nicht zu lange braten, sonst wird das Omelette leicht trocken.

Spanische Spiegeleier auf Tomaten

3 Fleischtomaten (oder 4 – 5 »normale« Tomaten)
1 Knoblauchzehe
3 EL Olivenöl
½ TL Oregano
Salz, Pfeffer
4 Eier

1. Tomaten enthäuten, den Strunk entfernen und zusammen mit dem geschälten Knoblauch, zwei Esslöffel Öl und dem Oregano pürieren.
2. Mit Salz und Pfeffer abschmecken und ein paar Minuten köcheln lassen.
3. In dem restlichen Öl vier Spiegeleier braten.
4. Eier auf der Sauce anrichten.

Nudeln mit Ricotta-Tomaten-Sauce

300 g Vollkornnudeln (z. B. Penne oder Tagliatelle)
400 g saftige Tomaten
1 Zwiebel
1 Knoblauchzehe
1 Karotte
1 Stange Staudensellerie
2 EL Olivenöl
⅛ l Weißwein
Salz, Pfeffer
100 g Ricotta
50 g Parmesan
1 Zweig frischer Oregano (ersatzweise 1 TL getrockneter)

1. Die Nudeln bissfest kochen.
2. Währendessen die Tomaten häuten und in kleine Würfel schneiden.
3. Zwiebel und Knoblauch klein hacken, Karotte und Staudensellerie fein würfeln.
4. Öl in einem Topf erhitzen, Zwiebeln, Knoblauch, Karotte und Staudensellerie leicht dünsten.
5. Mit Weißwein ablöschen, Tomaten zufügen, salzen und pfeffern und etwa 15 Minuten köcheln lassen.
6. Ricotta leicht zerbröckeln, Parmesan fein reiben.
7. Die gekochten Nudeln in eine große Schüssel geben, die Tomatensauce darüber geben, dann die beiden Käsesorten untermengen und mit Oreganoblättchen garnieren.

Pasta mit Tomaten und Camembert

2 Schalotten
1 Knoblauchzehe
1 EL Olivenöl
300 g Tomaten
1 Spritzer Zitronensaft
Salz, Pfeffer
200 g Vollkornnudeln, am besten Bandnudeln (Tagliatelle)
100 g Camembert
ein paar Basilikum-Blättchen

1. Schalotten und Knoblauchzehe in feine Würfel schneiden und in Öl glasig dünsten.
2. Tomaten in Stücke schneiden, dabei den Stielansatz entfernen.
3. Tomaten zu den Schalotten und dem Knoblauch geben und fünf Minuten mitdünsten, danach mit Zitronensaft, Salz und Pfeffer abschmecken.
4. Die Nudeln in reichlich Salzwasser bissfest kochen.
5. Camembert in kleine Stücke schneiden.
6. Nudeln mit der Tomatensauce und dem Camembert vermischen.
7. Mit Basilikum-Blättchen garnieren.

Tipp: Der Geschmack vom Camembert ist unterschiedlich: Wer es pikant und würzig mag, nimmt am besten Käse aus Ziegenmilch, einige Kuhmilchsorten schmecken eher mild.

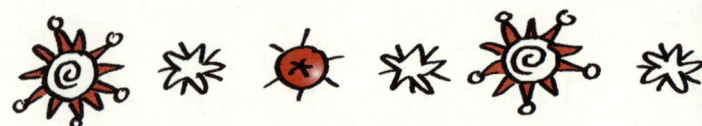

Gebratene grüne Tomaten
(»Green Fried Tomatoes«)

6 grüne oder hellrote Tomaten
60 g Weizenvollkornmehl
60 g Maismehl
1 EL Vollrohrzucker
Salz, Pfeffer
1 l Öl zum Ausbacken

1. Tomaten in einen halben bis einen Zentimeter dicke Scheiben schneiden.
2. Die beiden Mehlsorten mit Vollrohrzucker, Salz und Pfeffer in einem tiefen Teller vermischen.
3. Tomatenscheiben in dieser Panade wenden, überschüssiges Mehl leicht abschütteln.
4. Öl in einer Fritteuse (etwa 180 °C) oder einem hohen Topf erhitzen. An einem Holzstäbchen, das man ins Öl hält, müssen kleine Blasen aufsteigen. Tomatenscheiben von beiden Seiten goldbraun frittieren. Mit einer Schaumkelle herausnehmen und auf Küchenkrepp entfetten.

Achtung: Dieser Klassiker der amerikanischen Küche kann aufgrund des hohen Solanin-Gehalts der unreifen Früchte bei übermäßigem Genuss Übelkeit und Erbrechen hervorrufen. In kleinen Mengen schaden die frittierten Tomaten aber nicht. Wer auf Nummer sicher gehen will, verzichtet auf ganz unreife Früchte und nimmt hellrote Tomaten.

Tomatenfondue

8 – 10 mittelgroße Tomaten
2 Knoblauchzehen
60 ml Tomatensaft
300 g Emmentaler
300 g Gruyère
1 EL Crème double
Pfeffer
getrockneter Oregano

1. Tomaten häuten und die Kerne entfernen, das Fruchtfleisch in kleine Stücke schneiden.
2. Fein gehackten Knoblauch mit den Tomaten in einen Käse-Fonduetopf geben. Bei mittlerer Flamme auf dem Rechaud unter Rühren vier bis fünf Minuten erhitzen.
3. Ein wenig von dem Tomatensaft zugeben und weiter erhitzen.
4. Den Käse reiben und in den Fonduetopf geben.
5. Restlichen Tomatensaft mit der Crème double verrühren und ebenfalls in den Fonduetopf geben. So lange rühren, bis der Käse geschmolzen ist.
6. Mit Pfeffer und Oregano würzen.

Tipp: Für dieses Fondue eignen sich viele unterschiedliche Vollkornbrotsorten, aber auch leicht blanchiertes Gemüse wie z. B. Brokkoli oder Spargel.

Überbackener Ziegenkäse im Tomaten-Bett

2 große oder 3 mittlere Tomaten
1 Römersalat
3 EL Balsamico-Essig
6 TL Olivenöl
Pfeffer, Salz
4 kleine runde Ziegen-Frischkäse
2 Zweige Thymian (ersatzweise auch getrocknet)
etwas Vollrohrzucker
1 Kistchen Kresse (oder etwa 1 Tasse selbst gezogene Kresse)

1. Tomaten vom Stielansatz befreien und in kleine Würfel schneiden.
2. Den Römersalat waschen und Streifen schneiden.
3. Aus Essig, Olivenöl, Pfeffer und Salz eine Vinaigrette bereiten.
4. Ein Backblech mit Backpapier auslegen, die Ziegenkäse darauf legen und mit Thymian-Blättchen und ein wenig Vollrohrzucker bestreuen.
5. Den Ziegenkäse auf höchster Stufe (oder unterm Grill) etwa fünf Minuten überbacken.
6. Aus Römersalat, Tomaten und Kresse ein »Bett« für den heißen Ziegenkäse bereiten, Käse drauf setzen. Salat mit der Vinaigrette beträufeln.

Tipp: Nehmen Sie statt Frischkäse einmal eine Rolle Ziegen-käse, schneiden diese in Scheiben und panieren sie diese in verquirltem Ei und Vollkornsemmelbrösel. In etwas Öl von beiden Seiten goldbraun braten.

Bohnenmus auf Tomaten

200 g weiße Bohnen
Salz, Pfeffer
2 EL Balsamico-Essig
3 EL Olivenöl
6 Tomaten
eine Hand voll Basilikum-Blättchen

1. Weiße Bohnen über Nacht in Wasser einweichen, danach rund 45 Minuten gar kochen. Das Wasser abgießen und abkühlen lassen.
2. Bohnen salzen und pfeffern, mit Essig und Öl pürieren.
3. Die Tomaten in Scheiben schneiden.
4. Tomatenscheiben auf einer Platte anrichten, jeweils einen kleinen Esslöffel Bohnenmus auf die Tomaten geben, mit Basilikum garnieren.

Tipp: Ideal fürs Grillbuffet oder für kalte Platten.

Bruschetta mit Tomaten

4 Fleischtomaten
4 EL Öl
1 EL Tomatenmark
2 Knoblauchzehen
Salz, Pfeffer
1 Vollkornbaguette
eine Hand voll schwarze Oliven
einige Blätter Basilikum

1. Tomaten häuten und in Würfel schneiden.
2. Zwei Esslöffel Öl erhitzen, Tomaten, Tomatenmark und die ganzen Knoblauchzehen etwa vier Minuten darin dünsten, mit Salz und Pfeffer kräftig abschmecken.
3. Das Brot in acht Scheiben schneiden und mit dem restlichen Öl bepinseln. Auf einem Grill von beiden Seiten goldgelb rösten.
4. Tomatenmasse auf den gerösteten Brotscheiben verteilen, mit in Scheiben geschnittenen Oliven und Basilikum garnieren.

Brot mit Tomatenconfit

4 Fleischtomaten
3 EL Olivenöl
2 Knoblauchzehen
½ Bund Thymian oder Basilikum, je nach Geschmack
4 Scheiben Vollkornbrot oder 8 kleine Scheiben Baguette
Salz, Pfeffer

1. Tomaten vom Stielansatz befreien und vierteln.
2. Mit der Schnittfläche nach unten auf ein Backblech legen (am besten auf Backpapier!)
3. Mit zwei Esslöffel Olivenöl beträufeln.
4. Knoblauch schälen und in Scheiben schneiden.
5. Kräuter und Knoblauch über die Tomaten streuen.
6. Bei 100 °C etwa 20 Minuten im Backofen garen.
7. Die Haut von den Tomaten abziehen (muss ganz leicht gehen).
8. Tomaten mit Knoblauch und Kräutern in eine Schale geben und mit 1 EL Olivenöl beträufeln. Mit Salz und Pfeffer abschmecken.
9. Brot im Toaster leicht bräunen lassen, mit dem Tomatenconfit bestreichen und sofort servieren.

Tipp: Das Tomatenconfit schmeckt auch in Kombination mit anderen Zutaten, z. B. das Brot nach dem Toasten leicht mit Olivenpaste bestreichen.

Tomatensorbet

500 g aromatische Tomaten
1 Prise Vollrohrzucker
1 EL Balsamico-Essig
2 Eiweiß
ein paar Basilikumblätter

1. Tomaten häuten und entkernen, das Fruchtfleisch in kleine Würfel schneiden und pürieren.
2. Das Püree mit einer Prise Vollrohrzucker und dem Essig verrühren. In einer Schüssel für etwa eine Stunde ins Gefrierfach stellen.
3. In der Zwischenzeit das Eiweiß steif schlagen, Tomatensorbet aus dem Tiefkühlgerät holen, kräftig rühren und den Eischnee unterheben. Für zweieinhalb Stunden wieder ins Gefrierfach stellen, dabei möglich alle halbe Stunde kräftig durchrühren, damit sich keine unangenehmen Kristalle bilden.
4. Kurz vor Servieren im Kühlschrank leicht antauen lassen und mit Basilikumblättern garnieren.

Tipp: Dieses extravagante Sorbet schmeckt als Zwischenmahlzeit mit einer leichten Weinschaumsauce mit Basilikum oder einer Kräuter-Mascarpone-Sauce.

Auberginen mit Tomaten und Zwiebeln

2 Auberginen
1 TL Salz
4 Fleischtomaten
6 Knoblauchzehen
1 große Zwiebel
150 ml Olivenöl
4 EL gehackte Petersilie
4 EL Dillspitzen
4 EL gehacktes Basilikum
50 ml Wasser
1 EL Honig

1. Auberginen der Länge nach halbieren, salzen und ein wenig Wasser ziehen lassen, dann mit Küchenkrepp trocken tupfen.
2. Tomaten häuten und in kleine Stücke schneiden, ebenso den Knoblauch, Zwiebel in feine Ringe schneiden. Zusammen mit etwas Öl, Salz und den Kräutern vermischen.
3. Auberginen in einen breiten Topf geben und mit der Tomaten-Zwiebel-Masse bestreichen.
4. Restliches Öl mit Wasser und Honig vermengen und über die Auberginen geben.
5. Das Ganze ein bis zwei Stunden leicht köcheln lassen, dabei die Auberginen häufig mit dem Öl-Wasser-Honig-Sud beträufeln.
6. Wenn die Eierfrüchte schön weich sind und das Öl leicht karamellisiert ist, ist das Gericht gar. Ein wenig abkühlen lassen und auf einer Platte anrichten.

Hartgekochte Eier indonesische Art

6 Eier
3 rote Chilis (ersatzweise fertiges Sambal Olek)
2 Knoblauchzehen
1 Zwiebel
1 EL Sonnenblumenöl
4 Tomaten
2 EL Sojasauce
125 ml Wasser
Salz

1. Eier hart kochen
2. Aus Chilis, Knoblauch und gehackter Zwiebel im Mörser eine Paste herstellen.
3. Paste in dem Sonnenblumenöl etwa eine Minute anbraten.
4. Tomaten in kleine Würfel schneiden, mit der Sojasauce und 125 ml Wasser zu der Paste geben, kurz aufkochen und dann salzen.
5. Eier pellen und gut fünf Minuten in der Sauce köcheln lassen.

Tipp: Die scharfe Sauce eignet sich auch für Gemüse.

Kartoffelpüree mit mediterraner Stippe

Für das Kartoffelpüree:

1 kg mehlig kochende Kartoffeln
3/8 l Milch
2 EL Butter (oder Olivenöl)
Salz
Muskatnuss

Für die mediterrane Stippe:

125 g getrocknete Tomaten in Öl
2 Schalotten
1 Knoblauchzehe
2 EL geröstete Pinienkerne (ersatzweise geröstete
  Sonnenblumenkerne oder Kürbiskerne)
50 g entsteinte schwarze Oliven
2 EL Pesto (Basilikumpaste)
Pfeffer

1. Die Kartoffeln schälen, in Stücke schneiden und etwa eine Viertelstunde kochen, dann stampfen oder durch eine Kartoffelpresse drücken.
2. Milch kurz erhitzen und mit der Butter oder dem Olivenöl unter das Püree rühren.
3. Mit Salz und Muskatnuss abschmecken.
4. Für die Stippe die getrockneten Tomaten klein schneiden, Schalotten und Knoblauch in feine Würfel schneiden.
5. Vom Öl der Tomaten gut zwei Esslöffel abnehmen und in einer Pfanne erhitzen, Schalotten und Knoblauch darin glasig dünsten.
6. Pinienkerne dazugeben. Zum Schluss Tomatenstücke, Oliven und Pesto unterrühren und pfeffern.
7. Kartoffelpüree auf Teller verteilen und mit der Stippe anrichten.

Eier-Tomaten-Curry

6 Eier
200 g Zwiebeln
250 g Tomaten
5 Knoblauchzehen
Salz
1 Stück frische Ingwerwurzel
1 grüne Chilischote
2 EL Pflanzenöl (kein Olivenöl!)
1 Zweig Thymian
½ TL Curcuma (Gelbwurzpulver)
100 ml Wasser
gehackte Petersilie

1. Die Eier hart kochen, abschrecken und pellen.
2. Die Zwiebeln fein würfeln.
3. Tomaten in kleine Würfel schneiden.
4. Aus den Knoblauchzehen, Salz, Ingwer und der Chilischote (diese vorher entkernen) im Mörser eine Paste herstellen.
5. Öl erhitzen, Zwiebeln und Thymian darin anbraten.
6. Gewürzpaste hinzufügen, Curcuma zugeben und gut umrühren.
7. Tomaten und gut 100 ml Wasser zugeben und alles fünf Minuten köcheln lassen.
8. Die Eier halbieren und zu der Sauce geben und weitere vier Minuten köcheln lassen.
9. Eier mit der Sauce auf Teller füllen und mit der Petersilie bestreuen.

Tipp: Dazu passen hervorragend leichte Fladenbrote oder auch Reis.

Frischkäsebrötchen
mit getrockneten Tomaten

Pro Brötchen:

1 kleine Frühlingszwiebel
1 Vollkornbrötchen
30 g Frischkäse
2 in Öl eingelegte, getrocknete Tomaten
2 EL Senfsprossen (oder andere pikante Sprossen)
ein paar Blätter Rucola
2 Radieschen

1. Frühlingszwiebel in feine Ringe schneiden.
2. Brötchen aufschneiden und mit Frischkäse bestreichen.
3. Mit getrockneten Tomaten, Sprossen, Rucola, in Scheiben geschnittenen Radieschen und den Zwiebelringen belegen.

Tipp: Funktioniert auch prima mit einem Stück Vollkornfladenbrot, das man taschenartig aufgeschnitten hat.

Variation: Herzhafte Sprossen zieht man z. B. auch leicht aus Radieschen und Rettich-Samen. Wem das zu scharf ist, kann auch auf Alfalfasprossen (Luzerne) zurückgreifen.

Tomaten mit Karottenfüllung

4 große Tomaten
200 g Karotten
1 TL Zitronensaft
75 g saure Sahne
2 EL Dillspitzen
Salz
1 Prise Vollrohrzucker
Tabasco nach Belieben

Dressing:
100 g Crème fraîche
2 EL Zitronensaft
eventuell etwas Salz
eventuell etwas Dill

1. Tomaten aushöhlen, Fruchtfleisch anderweitig verwenden.
2. Die Karotten raspeln (grob oder fein – je nach Geschmack).
   Mit Zitronensaft, saurer Sahne und den Dillspitzen
   mischen. Mit Salz, Vollrohrzucker und Tabasco
   abschmecken.
3. Für das Dressing Crème fraîche und zwei Esslöffel Zitronensaft verrühren. Nach Bedarf leicht salzen.
4. Tomaten mit den Karotten füllen, auf jede Tomate einen
   Klacks von dem Dressing geben, mit Dill bestreuen.

Mangold-Tomaten-Gemüse

1 Zwiebel
1 Knoblauchzehe
1 EL Olivenöl
500 g Mangold
4 große Tomaten
1 EL Zitronensaft
etwas geriebene Muskatnuss
Salz, Pfeffer

Dressing:
150 g Joghurt
etwas gemahlener Kreuzkümmel (Cumin)

1. Zwiebel und Knoblauch würfeln. Beides in Öl andünsten.
2. Mangold in kleine Stücke schneiden, Tomaten vom Stielansatz befreien und ebenfalls in kleine Stücke schneiden.
3. Mangold und Tomaten zusammen mit dem Zitronensaft zu den Zwiebeln und dem Knoblauch geben, alles zusammen zehn Minuten schmoren, bis der Mangold bissfest ist.
4. Mit Muskat, Salz und Pfeffer abschmecken.
5. Joghurt mit Kreuzkümmel verrühren.
6. Gemüse auf Teller geben und jeweils mit einem Klacks Joghurtdressing servieren.

Tipp: Schmeckt lecker zu Hirse, die mit Gemüsebrühe gekocht wurde. Als »Begleiter« kommen aber auch Wildreismischungen oder Kartoffeln in Frage.

Tomaten-Mozzarella-Toast

4 Scheiben Vollkorntoast
Knoblauch- bzw. Kräuterbutter
4 große Tomaten
2 Kugeln Mozzarella
4 frische Champignons
Salz, Pfeffer
getrockneter Oregano
ein paar Blätter Basilikum

1. Die Brotscheiben im Toaster toasten.
2. Toast mit Butter bestreichen.
3. Tomaten, Mozzarella und Champignons in Scheiben schneiden und abwechselnd, fächerförmig auf die Brotscheiben legen.
4. Salzen, pfeffern und mit Oregano bestreuen.
5. Bei 250 °C im Backofen oder unter dem Grill etwa zehn Minuten überbacken, bis der Käse verläuft.
6. Mit Basilikum garnieren und sofort servieren.

Tomaten mit Schafskäse im Fladenbrot

4 große Tomaten
2 Frühlingszwiebel
10 schwarze, entsteinte Oliven
150 g Schafskäse
Salz, Pfeffer
2 EL Balsamico-Essig
4 EL Olivenöl
1 Vollkornfladenbrot

1. Den Stielansatz von den Tomaten entfernen. Tomaten entkernen in kleine Würfel schneiden.
2. Frühlingszwiebeln in feine Ringe schneiden (auch das Grüne), ebenso mit den Oliven verfahren. Den Schafskäse in kleine Würfel schneiden.
3. Tomaten, Schafskäse, Oliven, Zwiebeln in einer Schüssel mischen, salzen und pfeffern und mit Essig und Olivenöl vermischen.
4. Fladenbrot vierteln, so dass in jedes Viertel eine kleine Tasche geschnitten werden kann.
5. Tomaten-Schafskäse-Mischung auf die vier Taschen verteilen – fertig ist der Tomaten-Döner!

Tomatenbrot mit Sprossen

Pro Brotscheibe:

1 Scheibe Vollkornbrot
1 EL Kräuterquark
2 kleine oder 1 große Tomate
Salz
2 EL Rettich- oder Radieschensprossen

1. Das Brot mit dem Kräuterquark bestreichen.
2. Tomaten in Scheiben schneiden und auf dem Brot verteilen.
3. Nach Geschmack salzen und Sprossen gleichmäßig auf dem Brot verteilen.

Tipp: Wem Rettich- oder Radieschensprossen zu scharf sind, kann auch milde Alfalfasprossen (Luzerne) nehmen.

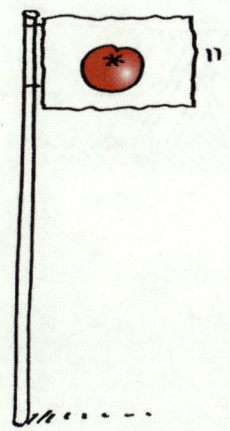

Vorsicht heiß:
Tomaten aus dem Ofen

Polenta mit Grilltomaten

¾ l (knapp) Gemüsebrühe
250 g Polenta (Maisgrieß)
2 EL Butter
5 EL in feine Röllchen geschnittener Schnittlauch
  (oder Petersilie)
Salz, Pfeffer
Olivenöl zum Bepinseln
6 Eier- oder Flaschentomaten
Thymian zum Garnieren

1. Brühe aufkochen und den Maisgrieß einrieseln lassen. Bei mittlerer Hitze gut fünf Minuten ständig rühren, bis sich der Grieß vom Topfboden löst.
2. Die Polenta vom Herd nehmen, Butter und Schnittlauch unterrühren. Pfeffern.
3. Eine flache, rechteckige oder quadratische Form einfetten und die Polenta hineingeben und glatt verstreichen.
4. Nachdem die Polenta erkaltet ist, kann sie gestürzt werden. Mit einem Trinkglas oder einer großen Ausstechform Kreise ausstechen oder mit einem Messer in Quadrate schneiden. Die »Plätzchen« mit Olivenöl einpinseln und in einer Pfanne leicht bräunen lassen.
5. Die Tomaten der Länge nach halbieren, ebenfalls mit Öl bestreichen, salzen und pfeffern und unter dem Grill des Backofens (vorgeheizt) fünf Minuten grillen.
6. Polenta und Tomaten mit Thymian garnieren und servieren.

Tipp: Eignet sich auch hervorragend zum Grillen im Sommer. Polenta-Plätzchen einfach mit zu den Tomaten auf den Grill legen.

Eier in Tomaten

4 große Tomaten
1 Knoblauchzehe
1 Zwiebel
2 EL Olivenöl
etwas Thymian
1 EL Tomatenmark
Pfeffer, Salz
4 Eier
125 g Mozzarella

1. Von den Tomaten einen Deckel abschneiden und mit einem Löffel das Innere herauslösen. Die Hälfte des Fruchtfleisches beiseite stellen, die andere Hälfte anderweitig verwenden.
2. Knoblauch und Zwiebel in feine Würfel schneiden und im Öl andünsten.
3. Zusammen mit dem Fruchtfleisch, Thymian, Tomatenmark, Salz und Pfeffer zu den aufgeschlagenen Eiern geben und gut verrühren.
4. Die ausgehöhlten Tomaten mit der Eimasse füllen und mit Mozzarella-Scheiben bedecken. Den »Deckel« darauf setzen und bei 180 °C etwa 25 Minuten backen, bis der Käse zerlaufen ist und die Eimasse stockt.

Tomaten mit Tapenade

6 mittelgroße Tomaten
Salz, schwarzer Pfeffer
etwa 10 EL Olivenpaste (Tapenade)
3 – 4 EL Olivenöl

1. Von den Tomaten jeweils einen kleinen Deckel abschneiden, zur Hälfte aushöhlen, nur leicht salzen und pfeffern. Die »Deckel« werden nicht weiterverwendet.
2. Tapenade in die ausgehöhlten Tomaten geben.
3. Tomaten mit Olivenöl beträufeln und zehn Minuten bei 220 °C im Backofen backen.

Tipp: Passt sehr gut zu Gegrilltem.

Couscous-Tomaten

8 große Tomaten
2 EL Butter
1 Zwiebel
1 Tasse Wasser
150 g Couscous
1 EL Öl
Salz, Pfeffer
2 EL gehackte Minze
2 EL Rosinen
1 Eigelb

Zum Garnieren:
ein paar Minzeblätter

1. Von den Tomaten einen Deckel abschneiden und aushöhlen.
2. Butter erhitzen und Zwiebel darin glasig dünsten.
3. 1 Tasse Wasser zum Kochen bringen und Couscous einrieseln lassen. Öl und Salz zufügen. Herd ausschalten und das Ganze fünf Minuten quellen lassen.
4. Die fein gehackte Zwiebel, Minze und Rosinen unterrühren. Salzen und Pfeffern und das Eigelb zufügen.
5. Tomaten mit der Couscousmasse zu drei Viertel füllen (Couscous quillt weiter), Deckel auf die Tomaten setzen und 20 Minuten im Backofen bei 180 °C backen.
6. Mit Minzeblättchen garnieren.

Tipp: Die Couscous-Tomaten schmecken auch kalt!

Tomaten mit Reisfüllung

250 g Vollkornreis
1 TL Salz
2 TL gekörnte Gemüsebrühe
125 g Zwiebeln
4 EL Olivenöl
1 Prise Zimt
80 g Rosinen
40 g Pinienkerne
1 Bund Petersilie
8 große Tomaten
2 EL Tomatenmark
Wasser zum Auffüllen
2 EL Olivenöl

1. Reis waschen und mit Salz und Gemüsebrühe etwa 25 Minuten leicht köcheln lassen, danach noch 15 Minuten ausquellen lassen.
2. Die gehackten Zwiebeln in Olivenöl glasig dünsten. Zimt, Rosinen, Pinienkerne und gehackte Petersilie dazugeben und kurz mitdünsten. Diese Mischung unter den fertigen Reis heben.
3. Von den Tomaten einen Deckel abschneiden und das Fruchtfleisch herauslösen. Letzteres mit Tomatenmark und Salz mischen und mit Wasser auf insgesamt 500 ml auffüllen. Diese Sauce mit dem Olivenöl verrühren.
4. Die ausgehöhlten Tomaten mit dem Reis füllen und in eine große oder zwei kleine Auflaufformen geben. Die Form(en) mit der Tomatensauce auffüllen.
5. Tomaten bei 220 °C etwa 30 Minuten garen lassen.

Hirsefüllung für Tomaten

8 große Tomaten
3 Frühlingszwiebeln
1 Knoblauchzehe
1 EL Öl
100 g Hirse
350 ml Gemüsebrühe
½ TL Currypulver
1 Ei
5 EL gehackte Petersilie
50 g Käse (Gruyère oder Emmentaler, ersatzweise Gouda)
Salz
1 Prise Muskat

1. Von den Tomaten einen Deckel abschneiden und aushöhlen. Fruchtfleisch bis auf vier Esslöffel anderweitig verwenden.
2. Frühlingszwiebeln in feine Ringe schneiden, Knoblauch durchpressen und mit dem Öl andünsten.
3. Hirse hinzugeben und kurz anbraten, dann mit 250 ml Gemüsebrühe aufgießen und Currypulver zugeben. Das ganze etwa eine Viertelstunde sanft köcheln lassen. Wenn keine Flüssigkeit mehr vorhanden ist, einfach etwas Wasser zugeben.
4. Ei, vier Esslöffel Tomatenfruchtfleisch, Petersilie und geriebenen Käse untermischen. Mit Salz und Muskat würzen.
5. Tomaten in eine Auflaufform setzen und mit der Hirsemasse füllen. Restliche Gemüsebrühe in die Form geben. Bei 180 °C 25 bis 30 Minuten backen.

Tofu-Tomaten

8 mittelgroße Tomaten
  (farblich schön auch mit gelben Tomaten)
300 g Tofu
1 Ei
2 EL Basilikum
1 Frühlingszwiebel
100 g Crème fraîche
Salz, Pfeffer
3 EL geriebener Emmentaler

1. Von den Tomaten jeweils einen flachen Deckel abschneiden. Kerne und Fruchtfleisch mit einem kleinen Löffel herauslösen und anderweitig verwenden.
2. Tofu fein reiben oder mit einer Gabel zerbröckeln, mit dem Ei, dem fein gehackten Basilikum, der in feine Ringe geschnittenen Frühlingszwiebel und der Crème fraîche verrühren. Mit Salz und Pfeffer abschmecken.
3. Tomaten mit der Tofu-Mischung füllen und in eine Auflaufform setzen.
4. Tomaten mit dem geriebenen Käse bestreuen.
5. Bei 200 °C etwa 20 Minuten im Backofen backen.

Tipp: Das Fruchtfleisch nicht wegwerfen. Es eignet sich für Saucen oder Suppen.

Tomaten mit indischer Linsenfüllung

100 g rote Linsen
1 Stück frische Ingwerwurzel
¼ TL Curcuma (Gelbwurzpulver)
2 Messerspitzen Cayennepfeffer
½ frische, entkernte Chilischote
¼ TL Kreuzkümmel (Cumin)
1 Prise gemahlener Kardamom
1 EL Öl
einige Zweige Koriandergrün (ersatzweise Petersilie)
Zitronensaft
eventuell etwas Salz
8 große Tomaten
½ Bund Dill
etwas Öl zum Auspinseln
4 EL Crème fraîche
Pfeffer

1. Die Linsen in 250 ml Salzwasser zehn Minuten kochen lassen.
2. Ingwer schälen und in kleine Würfel schneiden. Zusammen mit dem Curcuma, dem Cayennepfeffer, Chili, Kreuzkümmel und Kardamom im Öl leicht anrösten.
3. Gewürzmischung zu den Linsen geben.
4. Koriandergrün fein hacken und unter die Linsen heben. Mit einem Spritzer Zitronensaft und Salz abschmecken.
5. Von den Tomaten einen »Deckel« abschneiden und aushöhlen. Das Fruchtfleisch anderweitig verwenden.
6. Dill fein hacken, einen Esslöffel davon für später aufheben, und mit dem Rest die Tomaten ausstreuen.
7. Linsenfüllung in die Tomaten geben.

8. Tomaten in eine mit Öl ausgepinselte Auflaufform geben und jede Tomate mit einem Klacks Crème fraîche versehen. Mit dem restlichen Dill und Pfeffer bestreuen.
9. Im Ofen bei 200 °C etwa 15 bis 20 Minuten backen.

Gefüllte Tomaten à la provençale

8 Tomaten (nicht zu kleine)
2 Knoblauchzehen
1 Bund Petersilie
1 Bund Basilikum
150 g Vollkornsemmelmehl
Salz, Pfeffer
5 EL Olivenöl
Öl zum Auspinseln der Auflaufform

1. Von den Tomaten einen »Deckel« abschneiden und aushöhlen. Fruchtfleisch anderweitig verwenden.
2. Knoblauch pressen, Kräuter fein hacken.
3. Kräuter, Semmelmehl, Knoblauch, Salz (nicht geizen: etwa ein Teelöffel!) und Pfeffer mischen, Öl unterrühren. Die Masse sollte weder zu feucht noch zu krümelig sein.
4. Tomaten mit der Kräuter-Semmelmehl-Mischung füllen, in eine gefettete Auflaufform setzen und mit wenig Öl beträufeln.
5. Bei 180 °C 20 bis 30 Minuten backen.

Tipp: Schmeckt als Beilage oder solo – auch kalt.

Tomaten mit überbackenem Quarkschaum

4 große Fleischtomaten
1 Bund Basilikum
250 g Speisequark
2 Eier
4 EL geriebener Parmesan
1 Knoblauchzehe
Salz, Pfeffer
etwas Öl zum Auspinseln der Auflaufform

1. Von den Tomaten einen Deckel abschneiden, das Innere aushöhlen und klein schneiden.
2. Basilikum in feine Streifen schneiden und unter den Quark ziehen.
3. Eier trennen. Das Eigelb mit zwei Esslöffel Parmesan, gehacktem Knoblauch und dem Tomatenfruchtfleisch zu dem Quark geben und gut verrühren. Mit Salz und Pfeffer abschmecken.
4. Eiweiß sehr steif schlagen und unter die Quarkmasse heben.
5. Die ausgehöhlten Tomaten leicht salzen und pfeffern, mit dem Quarkschaum füllen, in eine mit Öl ausgepinselte Auflaufform geben und mit dem restlichen Parmesan bestreuen.
6. Bei 200 °C (vorgeheizt) etwa 15 Minuten überbacken, bis der Käse goldbraun ist.

Tipp: Diese Füllung eignet sich auch für leicht vorgegarte Zucchini.

Quinoafüllung für Tomaten

8 große Tomaten (rote und auch gelbe)
200 g Quinoa
600 ml Gemüsebrühe
150 g Schafskäse
Salz, Pfeffer
Worcestersauce
2 Frühlingszwiebeln
2 EL Sonnenblumenkerne (ersatzweise Kürbiskerne)
1 Bund Basilikum

1. Von den Tomaten jeweils einen flachen Deckel abschneiden. Kerne und Fruchtfleisch mit einem kleinen Löffel herauslösen und beiseite stellen.
2. Quinoa in 350 ml Brühe zehn Minuten kochen und abkühlen lassen.
3. Schafskäse fein hacken, ein wenig davon zur Seite stellen, den Rest mit dem Quinoa vermengen und mit Salz und Pfeffer abschmecken.
4. Tomaten mit der Quinoa-Schafskäse-Mischung füllen und in eine Auflaufform setzen.
5. Restliche Gemüsebrühe, das Tomatenfruchtfleisch und einen Spritzer Worcestersauce im Mixer pürieren. Frühlingszwiebeln in Streifen schneiden und der Sauce hinzufügen.
6. Sauce angießen und bei 200 °C etwa 20 Minuten im Backofen schmoren lassen.
7. Basilikum fein hacken, Sonnenblumenkerne in einer Pfanne fettfrei rösten.
8. Basilikum, Sonnenblumenkerne und den restlichen Schafskäse über die Tomaten streuen.

Ricotta-Tomaten aus dem Ofen

6 Tomaten
2 EL Pinienkerne
150 g Ricotta
1 EL Balsamico-Essig
1 Knoblauchzehe
Salz
1 Prise gemahlene Chilischoten
½ Bund Basilikum
gehobelter Parmesan

1. Von den Tomaten jeweils einen flachen Deckel abschneiden. Kerne und Fruchtfleisch mit einem kleinen Löffel herauslösen und durch ein Sieb passieren.
2. Pinienkerne in einer Pfanne rösten, so bekommen sie ein nussigeres Aroma.
3. Ricotta und Essig glatt rühren, Knoblauch schälen und in die Frischkäsezubereitung geben. Mit Salz und den gemahlenen Chilischoten abschmecken.
4. Basilikum waschen, Blätter abtrocknen, die Hälfte der Blätter fein hacken und mit den Pinienkernen unter den Ricotta rühren.
5. Tomaten mit der Käsezubereitung füllen, die Tomatendeckel ohne den Stielansatz klein schneiden und mit dem passierten Tomatenbrei mischen.
6. Tomatensugo in eine Auflaufform geben, die gefüllten Tomaten hineinsetzen.
7. Bei 220 °C etwa zehn Minuten im Backofen schmoren lassen.
8. Tomaten mit gehobelten Parmesanspänen und den restlichen Basilikumblättern garnieren.

Tipp: Dazu schmeckt frisches Ciabatta, Baguette oder auch Grissini.

Tomatenpizza

Für den Hefeteig:

125 g Roggenvollkornmehl
125 g Weizenvollkornmehl
½ Würfel (20 g) Hefe
100 ml lauwarmes Wasser
1 TL Salz
100 ml lauwarme Milch
1 EL Olivenöl

Für den Belag:

250 ml selbst gemachte Tomatensauce (siehe Seite 85 ff.)
200 g Ricotta (ital. Frischkäse)
200 g Kirschtomaten
50 g schwarze, entsteinte Oliven
100 g Rucola
2 EL Olivenöl
Salz, Pfeffer

1. Das Mehl in eine Schüssel geben, Hefe im lauwarmen Wasser auflösen und die Hälfte davon zum Mehl geben und einen kleinen Vorteig herstellen, zehn Minuten gehen lassen.
2. Mit allen restlichen Zutaten zu einen Hefeteig kneten und zugedeckt an einem warmen Ort gehen lassen, bis sich das Volumen verdoppelt hat.
3. Nochmals durchkneten und dünn ausrollen, entweder zu einer großen Pizza oder zu mehreren kleinen Pizzen.
4. Die Tomatensauce auf dem ausgerollten Teig verteilen, Ricotta darauf bröckeln und anschließend die in Scheiben geschnittenen Kirschtomaten und Oliven darauf verteilen.

5. Für 12 bis 15 Minuten in den auf 250 °C vorgeheizten Ofen schieben.
6. In der Zwischenzeit die Rucola in kleine Stücke zupfen und auf der gebackenen Pizza verteilen. Zum Abschluss das Olivenöl über die Pizza träufeln, salzen und kräftig pfeffern.

Tipp: Als Belag sind natürlich viele Kombinationen möglich! Probieren Sie auch einen bunten Tomatenmix, das bringt noch mehr Farbe ins Spiel.

Kräutertomaten

4 große Tomaten (am besten Fleischtomaten)
Salz
2 EL Olivenöl
2 EL gemischte, frisch gehackte Kräuter
*   (Basilikum, Petersilie, Rosmarin)*
2 Knoblauchzehen
Pfeffer

1. Tomaten halbieren und mit Salz bestreuen, nach zwei bis drei Minuten ausgetretenen Saft abgießen.
2. Eine Auflaufform mit einem Esslöffel Öl leicht auspinseln, Tomaten mit der Schnittfläche nach oben hineinlegen und bei 200 °C zehn Minuten backen.
3. Mit den Kräutern, durchgedrücktem Knoblauch und ordentlich Pfeffer bestreuen, restliches Olivenöl über die Tomaten geben und nochmals zehn Minuten im Ofen schmoren lassen.

Tipp: Ein schöne Beilage für Reis- und Nudelgerichte oder auch zum Grillabend.

Tomaten-Mozzarella-Tarte

1,2 kg Tomaten
1 EL Olivenöl
1 Knoblauchzehe
1 EL Tomatenmark
3 EL getrockneten Thymian
Salz, Pfeffer
etwas Tabasco
2 Mozzarella à 125 g
tiefgefrorener Vollkornblätterteig

1. Die Tomaten bis auf vier Stück enthäuten und entkernen.
2. Öl in einer Kasserolle erhitzen, Knoblauch fein hacken und
   hinzufügen, dann die gehäuteten Tomaten zugeben.
   Mit dem Tomatenmark, zwei Esslöffel Thymian, Salz,
   Pfeffer und Tabasco etwa 20 Minuten köcheln lassen,
   abschmecken.
3. Eine Tarte-Form mit dem Blätterteig auskleiden.
4. Geschmorte Tomaten in die Form geben.
5. Restliche Tomaten in Scheiben schneiden und abwechselnd
   mit den Mozzarellascheiben in die Form schichten, zum
   Schluss mit dem restlichen Thymian bestreuen.
6. Etwa 30 Minuten bei 210 °C backen.
7. Heiß oder lauwarm servieren.

Tipp: Wenn Tomaten noch nicht aus heimischen Gefilden
kommen, nicht nur frische Tomaten kaufen. Für die geschmor-
ten Tomaten kann man auch hervorragend Tomatenkonserven
nehmen.

Schnelles Tomatengratin

1 kg Tomaten
Olivenöl zum Auspinseln der Auflaufform
100 g (knapp) Vollkornsemmelmehl
3 – 4 EL Olivenöl
3 Knoblauchzehen
1 TL Oregano
Salz und Pfeffer
150 g frisch geriebener Käse
  (am besten kräftiger Appenzeller oder Gruyère)
1 Hand voll Basilikumblätter

1. Die Tomaten vom Stielansatz befreien und in gleichmäßige
   Scheiben schneiden.
2. Eine Auflaufform mit Olivenöl einfetten, die Tomaten
   dachziegelartig hineinschichten.
3. Semmelmehl, Öl, klein geschnittenen Knoblauch und
   Oregano vermengen, mit Salz und Pfeffer abschmecken und
   den Käse unterrühren.
4. Tomaten ebenfalls salzen und pfeffern, dann die Semmel-
   mehl-Käse-Mischung über die Tomaten geben und bei
   220 °C etwa 20 Minuten backen, bis der Käse geschmolzen
   ist und eine goldbraune Farbe angenommen hat.
5. Mit Basilikumblättern bestreuen und servieren.

Tipp: Das Gratin sieht besonders reizvoll aus, wenn man
Tomaten unterschiedlicher Farbe verwendet. Dazu schmeckt
frisches Baguettebrot.

Tomaten mit Schafskäse überbacken

2 große Tomaten
1 Frühlingszwiebel
1 Knoblauchzehe
100 g Schafskäse
2 EL Vollkornsemmelbrösel
5 EL Olivenöl

1. Tomaten in jeweils in zwei Hälften schneiden, entkernen und mit den Schnittflächen nach oben in eine flache Auflaufform setzen.
2. Frühlingszwiebel in feine Ringe schneiden, Knoblauch durchpressen und beides über die Tomaten geben.
3. Schafskäse grob über die Tomaten raffeln, dann mit Semmelbröseln bestreuen und mit Olivenöl beträufeln.
4. Bei 225 °C etwa 20 Minuten backen.

Tipp: Dazu schmeckt Ciabatta, Fladenbrot oder auch Baguette.

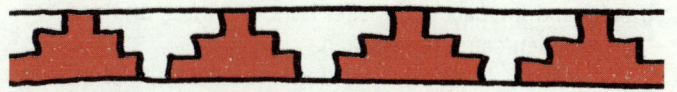

Pizza mit Tomaten und Schmand

125 g Roggenvollkornmehl
125 g Weizenmehl (Typ 1050)
½ Würfel (20 g) Hefe
100 ml lauwarmes Wasser
½ TL Salz
100 ml Milch
1 EL Olivenöl
6 mittelgroße Tomaten
150 g Schmand
Salz, Pfeffer
1 Stange Lauch
½ Bund Rucola
1 EL Pinienkerne

1. Mehl in eine Schüssel geben und mit einem Löffel eine Mulde drücken.
2. Hefe im lauwarmen Wasser auflösen und die Hälfte davon in die Mehlmulde geben. Mit ein wenig Mehl zu einem kleinen Vorteig verarbeiten.
3. Langsam Salz, Milch, die restliche aufgelöste Hefe und das Olivenöl dazugeben und alles zu einem glatten Hefeteig verkneten. 15 Minuten ruhen lassen, danach nochmals durchkneten und zu einem runden Fladen ausrollen. Nochmals gehen lassen.
4. Die Tomaten vom Strunk befreien und in gleichmäßige Scheiben schneiden.
5. Schmand mit Salz und Pfeffer kurz verrühren und den Pizzaboden damit bestreichen.
6. Lauch säubern und in feine Ringe schneiden. Auf der Pizza verteilen.

7. Tomatenscheiben auf der Pizza anordnen und mit Rucola garnieren. Pinienkerne über die Pizza streuen.
8. Etwa 15 Minuten bei 220 °C im vorgeheizten Backofen backen.

Tipp: Besonders lecker wird die Pizza mit kleinen Kirschtomaten (gelben und roten), dann aber entsprechend mehr nehmen!

Tomatenquiche

300 g tiefgefrorener Vollkornblätterteig
600 g Tomaten
3 Eier
Salz, Pfeffer
2 EL Basilikum, gehackt
100 g Crème fraîche
80 g Gruyère oder Emmentaler

1. Blätterteig zu einer runden Form ausrollen und Quiche-Form (oder Springform, die allerdings nicht zu hoch) auskleiden. Blätterteig mehrmals mit einer Gabel einstechen.
2. Die Tomaten vom Strunk befreien und in gleichmäßige Scheiben schneiden.
3. Die Tomatenscheiben schuppenartig in der Quiche-Form auslegen.
4. Eier verquirlen, mit Salz, Pfeffer und Basilikum würzen, Crème fraîche unterrühren und zusammen auf die Tomaten geben.
5. Das Ganze mit dem geriebenen Käse bestreuen und bei etwa 25 Minuten 200 °C backen.
6. Heiß oder lauwarm servieren.

Walnussbrot mit getrockneten Tomaten

½ Würfel (20 g) Hefe
250 ml lauwarmes Wasser
500 g Weizenvollkornmehl
2 TL Salz
50 g Walnusskerne
3 EL Olivenöl
30 g getrocknete Tomaten

1. Die Hefe in 250 ml lauwarmen Wasser auflösen und gehen
   lassen. Mit dem Mehl und Salz zu einem Hefeteig verarbeiten, eventuell Wasser zufügen, bis der Teig glatt ist.
2. Walnusskerne und Öl im Mixer zu einer feinen Paste
   pürieren und unter den Hefeteig kneten. Den Teig 15 Minuten gehen lassen.
3. Getrocknete Tomaten in kleine Stücke schneiden und mit
   wenig Mehl bestäuben.
4. Tomaten unter den Brotteig kneten und 20 Minuten gehen
   lassen.
5. Aus dem Teig nach Belieben entweder runde oder längliche
   kleine Brote formen, nochmals etwa 15 Minuten auf einem
   Backblech gehen lassen.
6. Bei 225 °C ungefähr 20 bis 25 Minuten backen. »Klopf-
   probe«: Klopft man auf die Unterseite des Brotes, sollte es
   hohl klingen – dann sind die Brote fertig.

Tipp: Wer mag, kann auch noch Salbeiblätter in den Teig
einarbeiten.

Jetzt geht's ans Eingemachte:
Tomaten konservieren

Eingemachte Eiertomaten mit Kräutern

2 kg Eier- oder Flaschentomaten
Meersalz

Kräuter:

1 Bund Basilikum oder
1 Bund Oregano oder
1 Bund Thymian oder
vergleichbare Menge gemischter Kräuter

1. Tomaten häuten und in sterilisierte Einmachgläser (am besten die mit Gummiring und Klammer) schichten, über jede Schicht etwas Meersalz und gut gereinigte Kräuter (ganz Blättchen) geben.
2. Die Gläser verschließen und in einen großen Topf stellen. Damit die Gläser nicht direkt auf dem Topfboden stehen, z. B. ein Gitterrost unterlegen.
3. Den Topf mit so viel Wasser füllen, dass die Füllhöhe der Einmachgläser erreicht wird.
4. Wasser aufkochen lassen und eine Stunde kochen lassen, die Gläser eine weitere Viertelstunde im Wasser stehen lassen.
5. Gläser herausnehmen und erkalten lassen.

Tipp: Prima Wintervorrat, wenn man nicht auf Tomaten aus der Blechdose zurückgreifen will. Klasse für Saucen, Pizza & Co.

Eingelegte Kirschtomaten

4 l Apfelessig
300 ml Apfeldicksaft
2 EL schwarze Pfefferkörner
1 EL Pimentkörner
2 TL Gewürznelken
2 EL Korianderkörner
3 Zimtstangen
Chilischoten nach Belieben
  (am besten frische, sonst getrocknete)
1 kg rote und gelbe Kirschtomaten
20 Basilikumblätter

1. Aus Apfelessig, Apfeldicksaft und aus den Gewürzen einen Würzessig herstellen: Dazu den Essig mit dem Dicksaft in einem säurefesten Topf zum Kochen bringen und abschäumen. Die Gewürze bis auf die Basilikumblätter dann zehn Minuten mitkochen lassen, am besten in einem Gewürzsäckchen, dann lassen sich die Körner hinterher problemlos wieder entfernen. Den Essig abkühlen lassen und gleich weiterverarbeiten.
2. Die Tomaten mehrmals mit einem Zahnstocher anstechen und mit dem Basilikum in sterilisierte Einmachgläser schichten.
3. Mit kaltem Würzessig aufgießen, so dass die Tomaten mindestens zweieinhalb Zentimeter hoch bedeckt sind.
4. Die Tomaten mit einem Holzstäbchen leicht anstupsen, damit kleine Luftbläschen entweichen. Die Tomaten dann mit einem kleinen Teller beschweren (ähnlich wie beim Rumtopf) und das Glas verschließen.
5. Vier bis sechs Wochen geduldig sein und den Tomaten Zeit zum Durchziehen gönnen.

Tipp: Die eingelegten Tomaten halten so bis zu einem Jahr, wenn die Gefäße wirklich steril waren und die Tomaten makellos sind. Wer nach einem Jahr aber wirklich noch Tomaten haben möchte, sollte vielleicht vorsichtshalber die doppelte Menge ansetzen ...

Getrocknete Tomaten in Kräuter-Öl I

Für eine beliebige Menge:

getrocknete Tomaten
getrocknete Kräuter nach Wahl
kaltgepresstes Olivenöl

1. Die getrockneten Tomaten mit kochendem Wasser kurz überbrühen und zwei Minuten stehen lassen. Danach gut drei Stunden in einem Sieb abtropfen lassen.
2. Tomaten in ein verschließbares Gefäß geben und Kräuter hinzugeben.
3. Mit Olivenöl gut bedecken und mindestens einen Tag im Kühlschrank durchziehen lassen.

Tipp: Die Tomaten sollten innerhalb von 14 Tage verzehrt werden, dabei darauf achten, dass die getrockneten Früchte stets von Öl bedeckt sind. Variation: eine Knoblauchzehe in Scheiben dazugeben.

Getrocknete Tomaten in Kräuter-Öl II

1 l Wasser
250 ml Weißwein
125 ml Weißweinessig
etwa 250 g getrocknete Tomaten
getrocknete Kräuter nach Wahl
Olivenöl

1. Wasser, Wein und Essig kurz aufkochen, Topf vom Herd nehmen und Tomaten hineingeben und fünf Minuten ziehen lassen.
2. Den Sud abgießen und die Tomaten vier Stunden in einem Sieb abtropfen lassen.
3. In ein verschließbares Gefäß geben, mit Kräutern nach Wahl bestreuen und mit Olivenöl auffüllen. Einige Tage durchziehen lassen.

Tipp: Die eingelegten Tomaten im Kühlschrank aufbewahren. Sie halten sich gut zwei Monate, solange sie immer mit genügend Olivenöl bedeckt sind.

Getrocknete Tomaten in pikantem Öl

Für ein Weckglas:

2 Knoblauchzehen
2 getrocknete Chilischoten
150 g getrocknete Tomaten
1 EL Vollrohrzucker
1 EL getrocknetes Basilikum
1 Zweig Rosmarin
etwa 250 ml Olivenöl

1. Knoblauch in dünne Scheiben schneiden, mit der Chilischote, den Tomaten und Gewürzen in ein Weckglas schichten.
2. So viel Öl auf die Tomaten gießen, bis sie gut bedeckt sind.
3. Mit einen Holzstäbchen die Tomaten mehrmals anstoßen, um eventuell Luftblasen aufsteigen zu lassen.
4. Vor dem Verzehr mindestens ein bis zwei Tage durchziehen lassen.

Tipp: Toller Vorrat für Tomatenpesto, Nudelsaucen oder Sandwiches. Richtig gelagert halten sich die eingelegten Tomaten gut ein Jahr.

Eingelegte grüne Tomaten

Für etwa 4 Weckgläser à 500 ml:

1 kg unreife, grüne Tomaten
Salz
500 ml Wasser
1 l Weißweinessig
1 kg Vollrohrzucker
1 Zimtstange
1 EL Pfefferkörner
½ TL gemahlenen Ingwer
4 Nelken

1. Tomaten mehrmals einstechen und mit leicht gesalzenem Wasser drei Minuten kochen, dann abtropfen lassen.
2. Mit Essig bedeckt über Nacht stehen lassen.
3. Vollrohrzucker mit dem Wasser erhitzen.
4. Zimt, Pfefferkörner, Ingwer und Nelken in einen Teefilter oder Mullbeutelchen geben und mitkochen lassen.
5. Den abgekühlten Sud über die Tomaten gießen und etwa eine Stunde ziehen lassen.
6. Den Sud wieder abgießen und ohne die Gewürze einkochen.
7. Tomaten in Weckgläser füllen, den dickflüssigen Sud darüber gießen und Gläser sofort verschließen.

Tipp: Wie bei allen Rezepten mit grünen Tomaten gilt auch hier: Nur in Maßen genießen! Das in den unreifen Tomaten enthaltene Solanin kann zu Übelkeit und Erbrechen führen.

Grüne Curry-Tomaten

Für etwa 4 Weckgläser à 500 ml:

1 kg unreife, grüne Tomaten
3 große Zwiebeln
4 – 5 frische rote Chilischoten
750 ml Weißweinessig
4 Lorbeerblätter
3 Knoblauchzehen
1 TL Pimentkörner
2 EL Curry-Gewürzmischung (oder Garam Masala aus dem
   Asia-Laden)
1 EL Kreuzkümmel (Cumin)

1. Große Tomaten grob zerteilen, kleine Früchte ganz lassen
   und mit einem Holzspieß mehrmals einstechen.
2. Zwiebeln in ähnlich große Stücke schneiden, abwechselnd
   mit den Tomaten in zuvor sterilisierte Weckgläser schichten.
3. In jedes Glas eine Chilischote geben.
4. Den Weißweinessig mit den Gewürzen fünf Minuten
   kochen lassen, dann durch ein Sieb in die Tomatengläser
   gießen und abkühlen lassen.
5. Die Gläser bis einen Fingerbreit unter den Rand mit dem
   Sud auffüllen, die Tomaten müssen unbedingt bedeckt sein.
   Reicht die Flüssigkeit nicht aus, einfach mit Essig auffüllen.
6. Gläser verschrauben und im Kühlschrank einige Tage
   durchziehen lassen.

Tipp: Im Kühlschrank oder einer kühlen Vorratskammer halten sich die Curry-Tomaten rund zwei Monate.

Bezugsquellen und Adressen

Saatgut
Dreschflegel Saatgut
Wilhelmshäuser Str. 8
37217 Witzenhausen
Tel. 0 55 42/50 27 44
Fax 0 55 42/50 27 58
Internet: www.dreschflegel-saatgut.de

Bio-Saatgut
Ulla Grall
Eulengasse 3
55288 Arnsheim
Tel. 0 67 34/96 03 79
Fax 0 67 34/96 00 14
Internet: www.bio-saatgut.de
(umfangreicher Katalog gegen 3 Euro in Briefmarken)
Frau Grall vertreibt u. a. Saatgut der Ferme de Sainte Marthe.

Verein zur Erhaltung der Nutzpflanzenvielfalt (VEN)
c/o Ursula Reinhard
Sandbachstr. 3
38162 Schandelah
Tel./Fax 0 53 06/14 02
Internet: www.nutzpflanzenvielfalt.de

(Der Verein verfügt über rund 200 Tomatensorten, die gegen einen
Unkostenbeitrag an Interessenten abgegeben werden. Eine Sorten-
liste gibt es gegen Schutzgebühr.)

Arche Noah
Obere Straße 40, A-3553 Schloß Schiltern
Tel. 00 43-(0)-27 34/86 26-0
Fax. 00 43-(0)-27 34/86 27
Internet: www.arche-noah.at

Bestelladressen für Schlupfwespen
(siehe Seite 46):
Sautter und Stepper
Rosenstr. 19, 72119 Ammerbuch
Tel. 0 70 32/7 55 01
Internet: www.nuetzlinge.de

BioNova
Josefstr. 102 – 104, 41462 Neuss
Tel. 0 21 31/54 10 71

Hatto Welte
Maurershorn 10, 78479 Insel Reichenau
Tel. 0 75 34/71 90

Temmen GmbH
Postfach 2180, 65795 Hattersheim
Tel. 06143/33664

Öre Bio-Protect GmbH
Kieler Str. 41, 24223 Raisdorf
Tel. 0 43 07/69 81
Internet: www.nuetzlingsberater.de/

re-natur GmbH, Hof Aqua Terra,
Am Pfeifenkopf 9, 24601 Stolpe
Tel. 0 43 26/9 86 10
Fax 0 43 26/9 86 11
Internet: www.re-natur.de

Die Autorin

Claudia Schmidt, Jahrgang 1971, studierte Lehramt für Biologie und Französisch. Bereits während des Studiums gab sie ihr Faible fürs Kochen im Rahmen von Kochkursen an Jugendliche weiter. Seit vielen Jahren beschäftigt sie sich speziell mit Nachtschattengewächsen und spezialisierte sich auf ausgefallene Tomatensorten.

Sie arbeitet als Multimediaredakteurin und freie Fotojournalistin in Hamburg.
Im Conrad-Stein-Verlag ist von ihr erschienen: »Oh, dieses Französisch« (2001).

Die Illustratorin

Renate Alf, Jahrgang 1956, machte eine Ausbildung als Lehrerin für Biologie und Französisch. Seit 1983 ist sie als Cartoonistin tätig und durch ihre Bücher sowie durch regelmäßig in vielen Tageszeitungen und Zeitschriften erscheinende Cartoons einem breiten Publikum bekannt.

Sie hat vier Kinder und lebt mit ihrer Familie in Freiburg.

Im pala-verlag sind die Titel *Vollwert-Naschereien, Zucchini, Vegetarisch grillen, Köstliche Kürbis-Küche* und *Das Buch vom guten Pfannkuchen* mit Illustrationen von Renate Alf erschienen.

Im Herder Verlag (Freiburg) sind von ihr erschienen: *Cartoons für Erzieherinnen* (1997), *Neue Cartoons für Erzieherinnen* (1998), *Vom Kinde verdreht* (1999) und *Schöne Einsichten* (2000).

Rezeptindex

Aioli 98
Apfel-Tomaten-Chutney 105
Arabischer
  Petersilien-Tomaten-Salat 81
Artischocken-Tomaten-
  Longdrink 61
Auberginen mit Tomaten
  und Zwiebeln 122
Avocado-Tomaten-Cocktail 62

Baguette mit Tomaten
  und Zucchini 110
Barbecue-Sauce 103
Basilikumbutter mit
  Tomatenmark 102
Bohnenmus auf Tomaten 118
Bruschetta mit Tomaten 119

Cocktail »Jungfrau Maria« 66
Couscous-Tomaten 136
Curry-Tomaten, grün 164

Dicke Tomatensuppe
  aus der Toskana 75

Eier in Tomaten 134
Eier-Tomaten-Curry 125
Eingelegte grüne Tomaten 163
Eingelegte Kirschtomaten 158
Eingemachte Eiertomaten
  mit Kräutern 157

Fenchel-Tomaten-Sugo 101
Frischkäsebrötchen
  mit getrockneten Tomaten .. 126

Gazpacho 71

Gazpacho-Cocktail 65
Gebratene grüne Tomaten 115
Gefüllte Tomaten
  à la provençale 142
Getr. Tomaten in Kräuter-Öl I .. 160
Getr. Tomaten in Kräuter-Öl II . 161
Getr. Tomaten in pikantem Öl . 162

Harissa mit
  getrockneten Tomaten 97
Hartgekochte Eier
  indonesische Art 123
Hirsefüllung für Tomaten 138

Insalata Caprese 77

Kartoffelcreme-Suppe,
  tomatisiert 73
Kartoffelpüree mit
  mediterraner Stippe 124
Kräutertomaten 148
Kreolisches Rougail
  aus Tomaten 108
Kürbis-Tomaten-Chutney 104

Mangold-Tomaten-Gemüse ... 128
Muntermacher-Drink 64

Nudeln mit
  Ricotta-Tomaten-Sauce 113

Omelette mit Tomaten 111

Pasta mit Tomaten und
  Camembert 114
Pesto aus getrockneten Tomaten 95
Pesto mit Paprika 96

Petersilien-Tomaten-Salat, arabischer 81

Pizza mit Tomaten und Schmand 152

Polenta mit Grilltomaten 133

Quinoafüllung für Tomaten 144

Reissalat, roter 79

Ricotta-Tomaten aus dem Ofen 145

Salsa, mexikanisch 100

Sambal aus Tomaten 93

Sauce aus getrockneten Tomaten 91

Sauce aus Grilltomaten 90

Schnelles Tomatengratin 150

Spiegeleier auf Tomaten, spanisch 112

Tabouleh 81

Tofu-Tomaten 139

Tomate-Mozzarella klassisch 77

Tomaten mit indischer Linsenfüllung 140

Tomaten mit Karottenfüllung .. 127

Tomaten mit Reisfüllung 137

Tomaten mit Schafskäse im Fladenbrot 130

Tomaten mit Schafskäse überbacken 151

Tomaten mit Tapenade 135

Tomaten mit überbackenem Quarkschaum 143

Tomatenbrot mit Sprossen 131

Tomatenbutter 99

Tomatenchutney, grün 106

Tomaten-Cocktail 63

Tomatenconfit 120

Tomatendip 94

Tomatenfondue 116

Tomaten-Mozzarella-Tarte 149

Tomaten-Mozzarella-Toast 129

Tomatenpizza 146

Tomatenquiche 154

Tomatenraita 107

Tomatensaft, frischer 59

Tomatensaft, haltbarer 60

Tomatensalat mit Rucola 78

Tomatensalat mit Schafskäse 82

Tomatensalat, mexikanisch 83

Tomatensauce (kalt zubereitet) . 88

Tomatensauce auf Vorrat 87

Tomatensauce, einfach 85

Tomatensauce, scharf 86

Tomatensorbet 121

Tomatensugo 89

Tomatensuppe mit Basilikumsahne 70

Tomatensuppe mit Mozzarella .. 72

Tomatensuppe, cremige 69

Tomatensuppe, schnelle 68

Tomatenvinaigrette 92

Tomatisierte Kartoffelcreme-Suppe 73

Topinambur auf Rucola und Tomaten 80

Walnussbrot mit getrockneten Tomaten 155

Ziegenkäse im Tomaten-Bett .. 117

Zucchini-Tomaten-Suppe 74

Vollwert-Bücher mit Cartoons von Renate Alf

Klaus Weber:
Das Buch vom guten Pfannkuchen
ISBN: 3-923176-99-6

Irmela Erckenbrecht: **Zucchini**
ISBN: 3-89566-131-7

Petra und Joachim Skibbe:
Köstliche Kürbis-Küche
ISBN: 3-89566-150-3

Jutta Grimm:
Vegetarisch grillen
ISBN: 3-89566-140-6

Köstliches aus dem Garten der Natur

Heide Haßkerl:
Schätze aus dem Bauerngarten
ISBN: 3-89566-174-0

Heide Haßkerl: **Holunder, Dost
und Gänseblümchen**
ISBN: 3-89566-149-X

Irmela Erckenbrecht:
Querbeet
ISBN: 3-89566-163-5

Jutta Greve:
Vegetarisches aus Omas Küche
ISBN: 3-89566-168-6

Vegetarisches aus aller Welt

Yashoda Aithal:
Vegetarisch kochen – indisch
ISBN: 3-89566-153-8

Angelika Krüger:
Vegetarisch kochen – international
ISBN: 3-89566-117-1

Gertrud Dimachki:
Vegetarisches aus 1001 Nacht
ISBN: 3-89566-169-4

Petra und Joachim Skibbe:
Toskana – vegetarisch genießen
ISBN: 3-89566-156-2

Gesamtverzeichnis bei: pala-verlag
Postfach 11 11 22, 64226 Darmstadt, www.pala-verlag.de

ISBN: 3-89566-173-2
© 2002: pala-verlag,
Rheinstr. 37, 64283 Darmstadt
www.pala-verlag.de
Alle Rechte vorbehalten
Cartoons und Umschlagillustration: Renate Alf
Lektorat: Barbara Reis, Wolfgang Hertling
Druck: freiburger graphische betriebe
www.fgb.de
Dieses Buch ist auf Papier aus 100 % Recyclingmaterial gedruckt